泰州市名镇名村志

TAI ZHOU SHI MING ZHEN MING CUN ZHI

赵万村志

兴化市戴南镇赵万村志编纂委员会 编

南京出版传媒集团
南京出版社

图书在版编目（CIP）数据

赵万村志 / 兴化市戴南镇赵万村志编纂委员会编.
南京 ： 南京出版社, 2024. 10. -- ISBN 978-7-5533
-4988-6

Ⅰ. K295.35

中国国家版本馆 CIP 数据核字第 2024NQ4552 号

书　　名　赵万村志
编　　者　兴化市戴南镇赵万村志编纂委员会
出版发行　南京出版传媒集团
　　　　　　南　京　出　版　社

社址：南京市太平门街53号　　　　邮编：210016
网址：http://www.njcbs.cn　　　　电子信箱：njcbs1988@163.com
联系电话：025-83283893、83283864（营销）　025-83112257（编务）

出 版 人　项晓宁
出 品 人　卢海鸣
责任编辑　程　瑶
责任印制　杨福彬
装帧设计　孙睿静

制版印刷　南京凯德印刷有限公司
开　　本　787毫米×1092毫米　1/16
印　　张　18
字　　数　306千字
版　　次　2024年10月第1版
印　　次　2024年10月第1次印刷
书　　号　ISBN 978-7-5533-4988-6
定　　价　120.00元

用微信或京东APP扫码购书

用淘宝APP扫码购书

总序

泰州因海而生，大江大海激荡交汇，渐次成陆。泰州也因海而兴，唐时“两淮盐税，泰州居半”，“海陵红粟，仓储之积靡穷”。肥沃的土地、丰饶的物产吸引着历朝历代南迁或北渡的移民在此落地生根，吴楚之韵江淮之风氤氲交融，涵养成雄秀并蓄的胸襟和气度。千百年袅袅炊烟，耕读传家，生生不息。

尚文重教的泰州，古往今来阡陌街巷“弦诵相闻，蔚然有文雅之风”。南腔北调的泰州，里下河地区、高沙土地区和沿江地区，农事劳作、衣食住行、人生礼仪、岁时节庆有着些许差异，一方水土一方风情。风起云涌的泰州，民主革命前赴后继，建设发展筚路蓝缕，改革开放奋勇向前。漫漫岁月中，无数变迁里的因缘际会、绝续兴替，凝练起厚重的历史积淀和深远的人文情怀。

历史的车轮走到今天，我们正经历着史上规模最大、速度最快的城镇化进程，沉稳矜持的乡村驶入发展快车道，安土重迁的农民走南闯北逐梦他乡，乡镇在合并，村落在减少，人口在迁徙，社会在重构，聒碎乡心梦不成，归来何处是故乡。那些令人无比温馨、饱含尊崇敬畏、具有不同特点的传统习俗日趋式微，多元的现代文明、价值观念不断翻新。一些曾经津津乐道、引以为豪的历史记忆似乎正在淡出视线，逐渐成为模糊的背影。

振兴乡村，文化为魂。盛世修志，志以问道。志书是中华民族记录历史、传承文明的独特载体。镇村志全面、系统、真实反映乡村传统与变迁，在服务科学决策、完善社会治理、激发爱乡情怀、养成健康风尚等方面有着独到的作用。在市及市区二轮志书编纂工作全面完成之际，我们适时启动镇村志和街道社区志的编修，选择部分具有一定特色的镇（街道）、村（社区），其中有的以历史文化见长，有的以生态环境闻名，有的以经济发展见著，对行将湮灭的自然风貌、历史遗存、经济业态、民俗风情、传统精神等进行抢救性征集整理，对自强不息、逐梦前行、砥砺奋斗事迹进行客观记述。

一镇一风格，一村一风情，一志一特色。泰州市名镇名村志不但记录乡村巨变，展示乡风民俗，系住乡音乡愁，还在着力彰显地方特色上下功夫。各部志书针对镇情村情订纲立目、征集史料、访寻掌故，力求文约事丰、图文并茂，让读者用不长的时间了解到主要的内容，获得较大的信息量。

他乡纵有当头月，不如故乡一盏灯。镇村志犹如一盏盏明灯，光芒虽不十分耀眼，但散发出淡淡田园诗意和故土温情，能够为游子照亮故乡小桥流水、街头巷尾、田塍篱角的万种风情，为后辈指引缅怀先贤、传承乡愁、寻根问祖的清晰路径。镇村志也是一扇对外展示的窗口，让更多的人从文字中品味泰州文化底蕴，触摸泰州精神气质，感受泰州乡村魅力。

有组织地编纂镇村志，在泰州历史上还是第一次。我们期待有更多的有识之士关注、支持镇村志事业，一起把这一厚植文化根脉、垒筑精神家园、服务乡村振兴的文章做好。

序

“国有史，邑有志”。古往今来，修志皆为中华民族的光荣传统。在泰州、兴化地方志部门的统一部署和具体指导之下，我们结合村情，耗时数载，组织力量编纂了《赵万村志》。这是赵万村历史上的一件大事，是赵万村新时代精神文明建设和乡村文化振兴的重要成果，是赵万全体人民的自豪和骄傲。

赵万村是原张郭镇人民政府所在地，南邻东台市时堰镇，北接欧家村、同济村，东连蒋庄村、刘纪村，西接北姜村。于2001年由原赵东、赵西、南甸、农科、戴垛5个自然村合并而成。352省道、311省道与203县道穿村而过，区域面积8.63平方千米。赵万村明代初年建村，因洪武赶散，从苏州阊门迁来赵、万二氏定居于此得名。

农业是赵万村传统产业。数百年来，赵万村先民日出而作、日落而息，留下了艰苦创业的优良传统。改革开放后，勤劳智慧的赵万村村民充分利用乡镇政府所在地以及乡镇企业的人才资源优势，大力发展村办企业，后来又大力发展民营企业，逐渐形成以化工颜料、电热、电器、工业炉、精密仪表、电线电缆、高温线、伴热带、金属软管、线缆桥架等为主要产品类型的工业强村，走出一条由农业向工商业发展的新路子。随着经济发展迅速，商业、村镇建设、村民生活水平也飞速提升。赵万村先后被评为全国文明村、江苏省水美乡村、江苏省建设社会主义新农村先进村、泰州市十强村。

《赵万村志》翔实记载了赵万村的自然生态、风土人情，也记载了赵万村先民几百年奋斗的历史足迹，史料真实，纵横详略，特色鲜明，字里行间凝聚着赵万村人的滴滴汗水和点点心血，凝聚着编纂人员对家乡的无限热爱，凝聚着对子孙后代的殷切希望。

盛世修志，志载盛世。《赵万村志》见微知著，留存村情。虽不可能巨细毕陈，却可使后人感知赵万村变迁历史，感悟赵万村发展轨迹，感受赵万村进步足音。站在新的历史发展阶段，赵万村人鉴古知今，继往开来，必将接续奋进，再创辉煌！赵万村的未来必将更加美好！

中共兴化市戴南镇赵万村党委书记
兴化市戴南镇赵万村村民委员会主任　戴伯明

2024年9月18日

泰州市名镇（街道）名村（社区）志编纂委员会

主　任　张士林

副主任　吉　森

成　员　徐常青　殷　建　冯鸿灿　刘社林　邵釡明
　　钱厚亮　顾　伟　王　卉

《赵万村志》编纂委员会

主　任　戴伯明

副主任　赵东红

委　员　徐玉山　赵　云　赵庆生　赵京涛　赵观鹏
　　汤日升　黄响林　赵京云　赵启乾　赵存山
　　部国文　翟春华

《赵万村志》编辑部

主　　编　戴伯明

执行主编　黄响林

编　　纂　赵启乾　赵京云　华正堂

摄　　影　吕　飞

终审单位　兴化市党史方志办公室

终审人员　吉　森　顾　伟　王　卉　陈　莉　陈　辉　贺益梅

验收单位　泰州市党史方志办公室

验收人员　吉　森　顾　伟　王　卉　陈　辉　贺益梅

批准出版单位　中共兴化市戴南镇委员会
　　兴化市戴南镇人民政府

凡例

一、以马克思列宁主义、毛泽东思想、邓小平理论、“三个代表”重要思想、科学发展观、习近平新时代中国特色社会主义思想为指导，坚持辩证唯物主义和历史唯物主义的立场、观点和方法，客观记述戴南镇赵万村发展历史与现状。

二、执行《泰州市名镇名村志评审验收工作规范》第四条规定的质量标准，重点体现赵万村的“名”与“特”，传承乡土历史文化，服务乡村建设。

三、为全面反映入志事物发展脉络，记述上限尽可能追溯至事物发端，记述下限至2017年12月。记述地域范围以下限年份的境域为主。大事记延展至2023年。

四、采用纲目体，横排门类，综述史实，述而不论。一般设类目、分目、条目三个层次。所设类目除《泰州市名镇（街道）志基本篇目》和《泰州市名村（社区）志基本篇目》要求必设的内容外，依据实际情况设置特色类目、分目和条目。

五、综合运用述、记、志、传、图、表、录等体裁，以志为主。除引用文字和附录文献资料外，统一使用规范的现代语体文和第三人称记述，行文朴实、严谨、简洁、流畅。选有地方特色、生活气息强、史料价值高的图片入志。表格统一编排序号。

六、人物传略记载已故人物，人物简介记载在世人物，均为本籍有重大影响和贡献的人物。名人履痕收录有影响的客籍人物，主要记述其在当地的活动片段。人物名录收录革命烈士、先进模范人物。入志人物皆以出生年份排序。

七、清代及其以前使用朝代年号纪年，括注相应的公元纪年，在同一条目中只首次括注相同朝代年号的公元纪年。中华民国、中华人民共和国采用公元纪年。中华人民共和国成立前（后），以1949年10月1日为界；改革开放前（后），以1978年12月为界。

八、按照当时称谓书写各个历史时期的事物全称，如全称较长则在首次出现时括注规范的简称。直书人员姓名，必要时在姓名前冠以当时的主要职务、职称。

九、中华人民共和国成立前，多种计量单位制并存，一般照旧记载。中华人民共和国成立后，采用国务院1984年发布的法定计量单位；按社会习惯可使用亩、元/亩等非法定计量单位。执行《标点符号用法》（GB/T15834—2011）、《出版物上数字用法》（GB/T15835—2011）。

十、采用统计部门公布的数据，统计部门没有统计的则采用相关部门提供的数据，各类数据一般保留到小数点后两位。

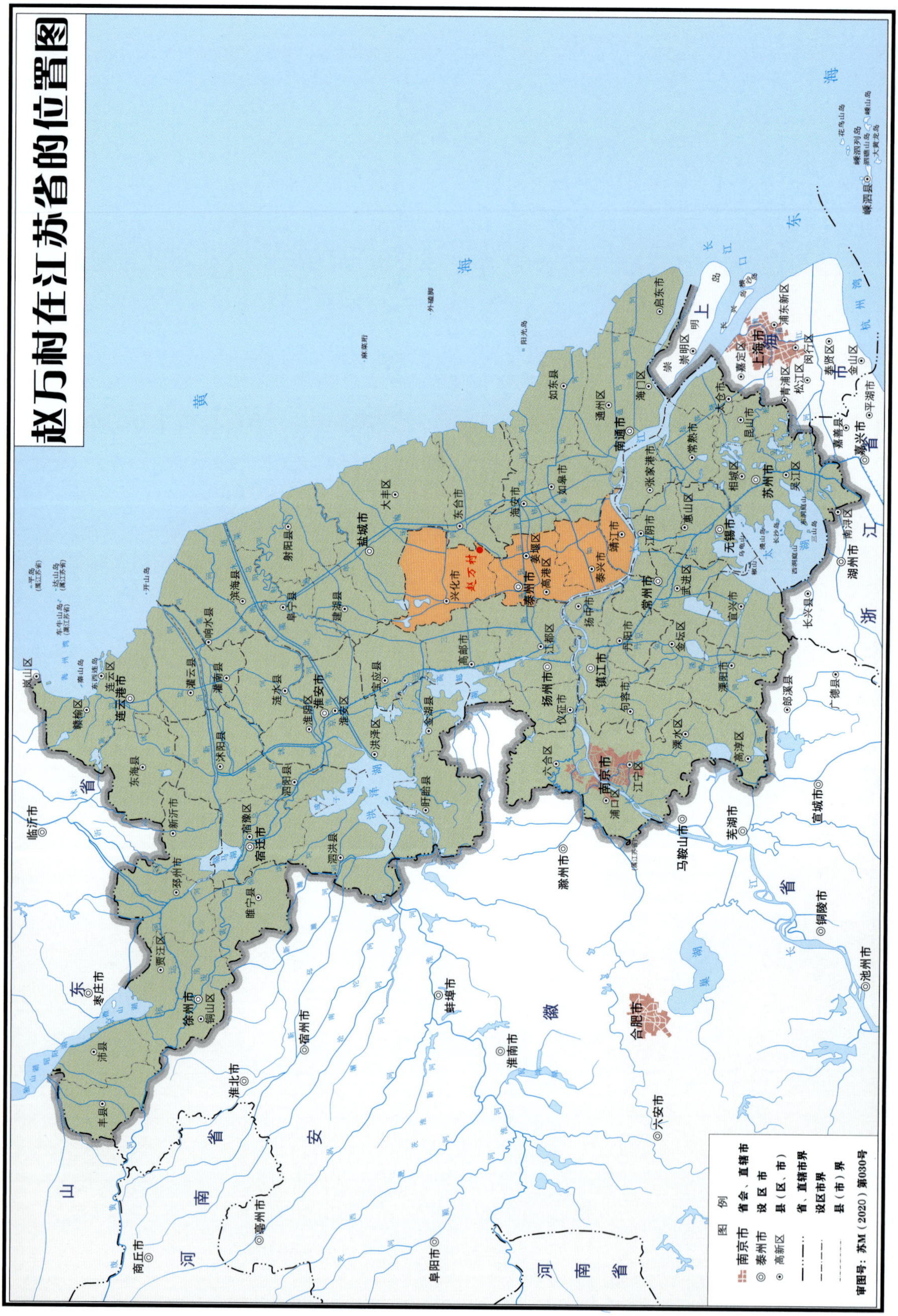

赵万村在江苏省的位置图

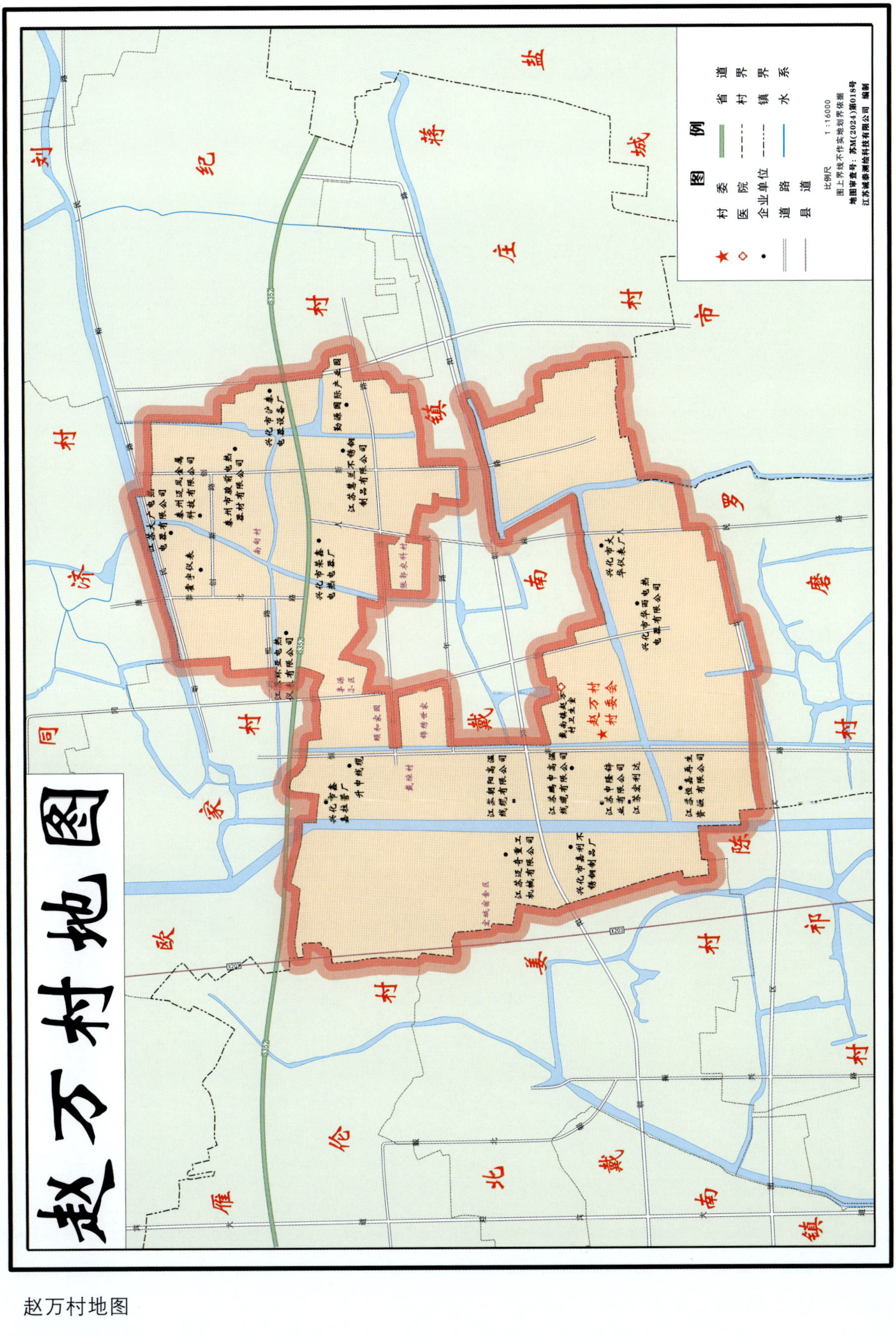
赵万村地图
图例
村委
医院
企业单位
道路
县道
省道
村界
镇界
水系
比例尺 1:16000
图上界线不作实地划界依据
地图审查号：苏M(2024)第018号
江苏诚泰测绘科技有限公司 编制
赵万村村委会
戴南镇赵万村卫生室
盐城市

赵万村地图

村境俯瞰

园区鸟瞰

赵万别墅区

园区大道

申颛伴热带
自控温 恒功率
发热线缆 补偿导线

全国文明村——赵万村

百姓大舞台

赵万村新时代文明实践站

赵万村河岸风景

村庄河道

赵万村法治文化宣传点

赵万村主干道

村民别墅群

晨秀园

晨秀园

赵万村村民娱乐

赵万村广场舞

赵万村舞蹈队参与全民健身活动

太极剑（扇）健身活动

村部便民服务指南处

赵万志愿者亲子活动

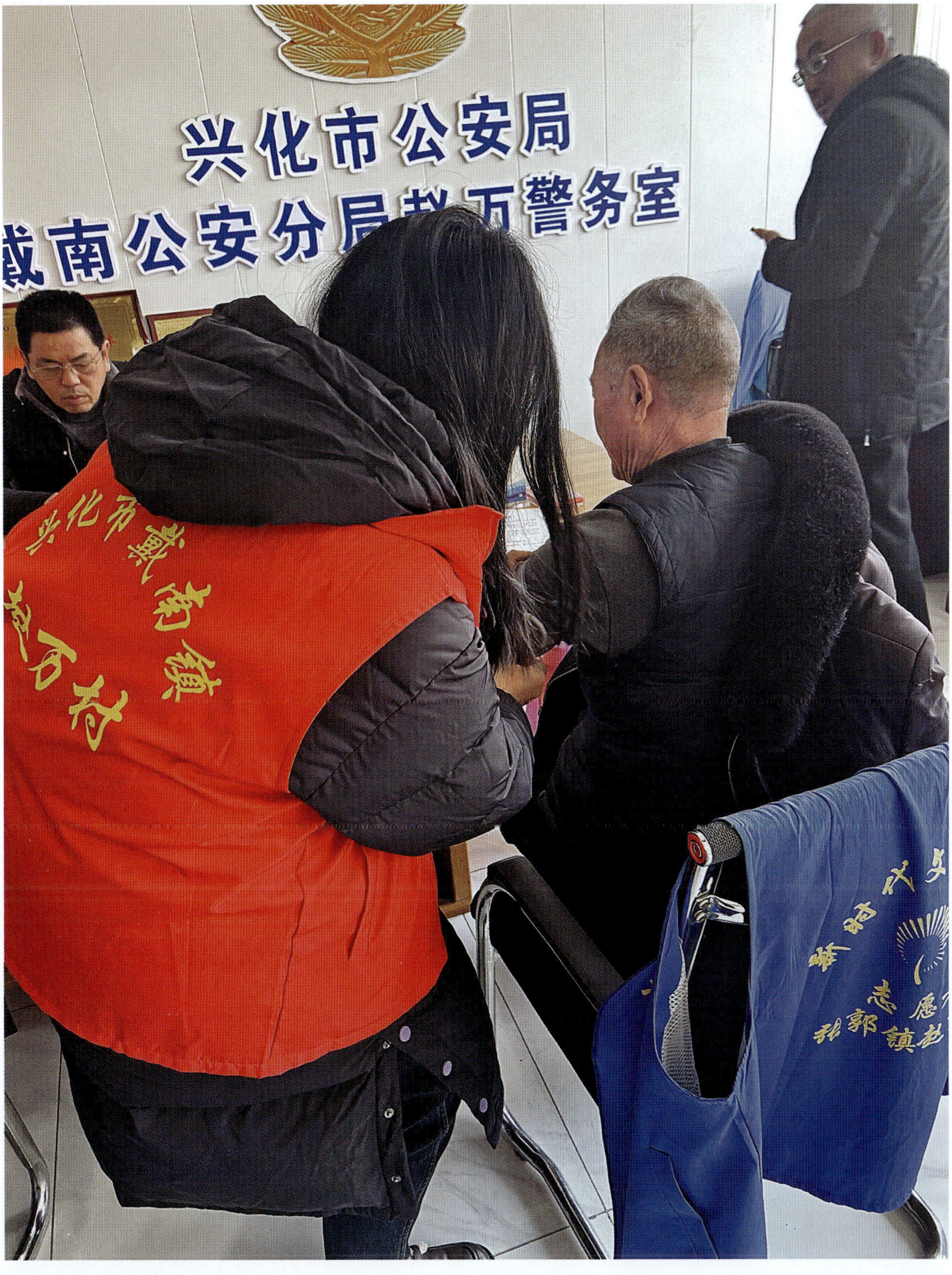

赵万志愿者服务

江苏省文明村
江苏省精神文明建设指导委员会
2016年9月

江苏省文明村
江苏省精神文明建设指导委员会
2019年12月

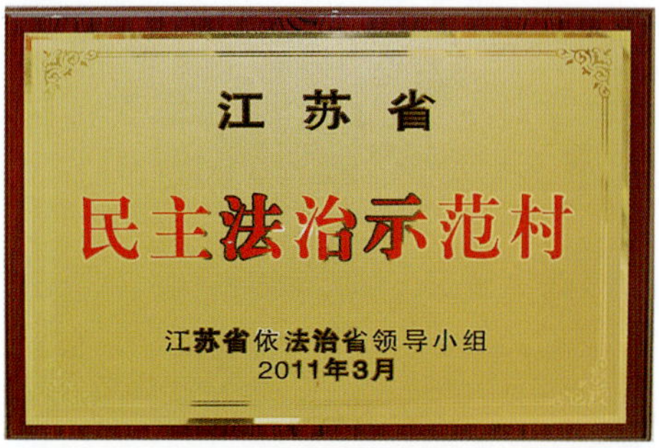
江苏省
民主法治示范村
江苏省依法治省领导小组
2011年3月

全国文明村镇
中央精神文明建设指导委员会
2017年11月

江苏省社会主义新农村建设
先进村
中共江苏省委农村工作领导小组
二〇一一年一月

绿色江苏建设
模范村
江苏省林业局
二〇〇七年二月

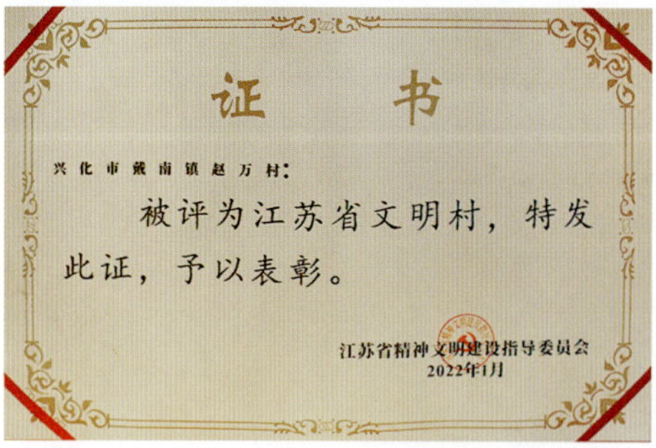
证书
兴化市戴南镇赵万村：
被评为江苏省文明村，特发此证，予以表彰。
江苏省精神文明建设指导委员会
2022年1月

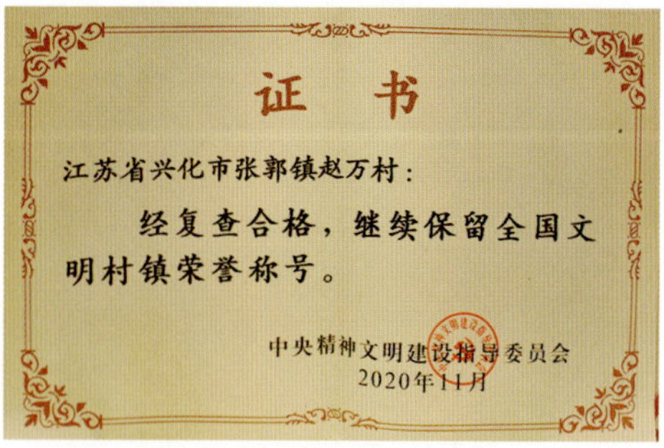
证书
江苏省兴化市张郭镇赵万村：
经复查合格，继续保留全国文明村镇荣誉称号。
中央精神文明建设指导委员会
2020年11月

荣誉证书
授予兴化市张郭镇赵万村
“江苏省卫生村”称号。

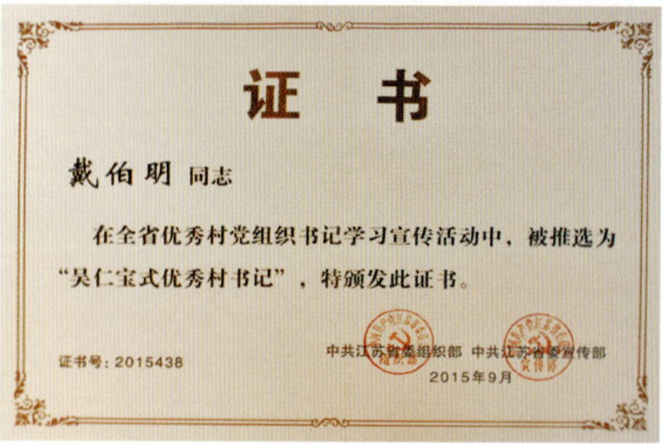
证书
戴伯明 同志
在全省优秀村党组织书记学习宣传活动中，被推选为“吴仁宝式优秀村书记”，特颁发此证书。
证书号：2015438
2015年9月

赵万村所获荣誉

目　录

概　述

里下河水乡有一条古老的河流——泰东河。泰东河迤逦东行，于兴化市戴南镇、东台市时堰镇交会处婉转北流。从著名的蒋庄良渚遗址处一路前行，深情地滋润着一片美丽而神奇的土地。这就是南汤河畔的赵万村。

村名碑

一

赵万村是原张郭镇人民政府所在地，北纬32°73′—32°77′，东经120°14′—120°18′，东濒黄海70千米，南距长江90千米。东临204国道，西接宁靖盐高速，352省道穿村而过。四围有泰东河、幸福河、南汤河、北港河。南邻东台市时堰镇，北接欧家村、同济村，东连蒋庄村、刘纪村，西接戴南镇北姜村。2017年年底，共有31个村民小组，人口6586人。赵万村生态宜人，物产丰盈。村域面积8.63平方千米。土地流转后大部分被用于创办工厂和农庄生态园，其中江华生态园320亩、申源生态园190亩、双乐生态园188亩。个私企业592家。2017年，赵万村实现社会总产值90.55亿元，村集体营业性收入1112.96万元，集体纯收入658.86万元，村民人均纯收入46800元。

赵万村先后获得江苏省建设社会主义新农村先进村、江苏省民主法治先进村、江苏省民主管理先进村、绿色江苏模范村、泰州市廉政建设示范村、兴化市先进基层党组织等荣誉称号，2006年至2010年连续5年被表彰为泰州市十强村。2017年11月，赵万村获评第五届全国文明村。

二

明朝万历三年（1575年），洪泽湖水泛滥，冲倒高家堰，此地一片汪洋，荒无人烟。万历十年，苏州阊门赵、万二姓人家搬迁于此，故名赵万村。该村现存始修于清朝康熙四十一年（1702年）的赵氏谱牒确载“吾族世系本宋裔也，由苏郡而迁扬籍”。赵万村历史上曾隶属泰州。乾隆三十三年（1768年）到民国时期，境域属东台县第六区时堰镇。1944年5月，先后属兴东县、溱潼县管辖。1949年5月，划归兴化县。1958年，成立兴化县戴南区张郭人民公社，所辖的赵万村分为赵东、赵西2个大队。2001年，赵东、赵西、戴垛、南甸和农科5个村合并为赵万行政村。至2021年4月16日戴南镇、张郭镇、茅山镇合并为新的戴南镇之前，赵万村是张郭人民公社、张郭乡人民政府、张郭镇人民政府所在地。

三

赵万村的传统产业是农业，祖祖辈辈的村民们日出而作、日落而息，面朝黄土背朝天，种植着水稻、棉花和三麦，还有大豆、油菜、玉米、山芋等农作物。改革开放后，农民们也曾种植过黄皮洋葱、甜叶菊等经济作物，养殖过牛蛙、河蚌、鱼虾，但效益总不尽如人意。赵万村充分利用乡镇政府所在地以及乡镇企业聚集的人才资源优势，大力发展村办企业，后来又大力发展民营企业，走出一条经商办企业的致富之路。

2017年年底，赵万村有5个工业园区，集中了全村规模以上企业167家、小企业425家，年产值达60.4亿元，销售额57.33亿元。创利税5.64亿元，企业职工人数8611人。这些企业吸引了许多外来人口，包括专家、技术人员和普通职工。所有的企业都集中在5个工业园中，占地面积共2679亩。其中赵东工业园350亩、赵西工业园510亩、戴垛工业园430亩、南甸工业园750亩、农科工业园439亩。赵万村的工业产品主要有化工颜料、电热、电器、工业炉、精密仪表、电线电缆、高温线、伴热带、金属软管、线缆桥架等。重点企业有申源特钢股份有限公司、双乐颜料股份有限公司、博生医药包装材料有限公司等。

与发达的工业紧密相连的是这里繁荣的商业，赵万村有1300多人分布在全国各地经商。村里生产的工业品，经由他们销往国内外。同时，在该村的朝阳路、人民路、赵万路、千年路上开设了几百家门面，迎接全国各地慕名而来的采购者。进入信息化时代后，他们与时俱进，发展网上销售。

21世纪前后，赵万村工业得到突飞猛进的发展。其主要原因是决策者一方面大力实施招商引资策略，另一方面加强基础设施建设，建工业园区、别墅小区，筑巢引凤。党的十一届三中全会后，千帆竞渡，百舸争流，赵万村的农民们从土地上解放出来，年轻

百姓大舞台

人更是敢闯敢干，他们走南闯北搞经销，推销地方产品。后来干脆在上海、北京、广州以及全国各地驻点经商。取得第一桶金的赵万人在外地有了自己的房、自己的事业，纷纷将家人迁居到大城市，安居乐业，逢年过节才衣锦还乡。村干部们从这些人身上看到了出路。经过反复思考、研究讨论，他们果断行动起来，党委书记戴伯明带领两委会成员打起包裹，到大城市找老乡宣传地方优惠政策，展示家乡发展蓝图。打起了亲情牌、友情牌、服务牌。经过努力，在外乡贤陆续回村，投资兴业，报效桑梓。戴呈兵、戴鹏等人创办朝阳线缆、申隆锌业，银锡公司、金扬子公司、耀华工具、天龙门业、申颛线缆等优秀企业纷纷落地，茁壮成长。产品通过物流平台，经由全国各地的营销点供应给国内外广大的用户。

四

改革开放后，尤其2000年后，赵万乡村建设日新月异。赵万村的集镇建设整齐划一，别墅成群，错落有致的公寓楼点缀其间，依区域共分为12个居民小区，分属2个居民委员会管理。村中主干道有赵万路、同济路、人民路、朝阳路、千年路、文昌路、春晖路、裕民路、建陵路等。道路总长45.3千米，均为4—6车道。道路两边商铺相连、酒楼耸立。集贸市场面积为16600平方米。村中建有2座景观公园：晨秀园占地面积52000平方米，双乐生态园占地面积188800平方米。

街道宽敞笔直，整齐划一。大道两旁香樟林立，商铺相连，商住楼、公寓楼鳞次栉比。河边杨柳依依，砌石驳岸。水滨绿化环境优美，曲径通幽。碧波荡漾，一座座石拱桥古朴端庄。临河近岸，一幢幢别墅豪华气派。河与河之间、路与路中间依区域划分为一个个居民小区。小区里绿树成荫，鸟语花香，蜂飞蝶舞；四季常绿，蓬勃生机。晨秀园一枝独秀，双乐生态园典雅气派，名士生态园硕果累累。万人广场、颐和广场人头攒动，憩园、开泰园、迎春园秀气娴静。入夜，喷泉绽放，霓虹闪烁，动人的音乐声中，村民们翩翩起舞。茶楼酒肆，座无虚席。

晨秀园是一座集文化韵味、水乡特色、园林景点、休闲娱乐于一体的综合性公园，代表了苏中地区园林建设水平。该园由全国七大甲级园林设计院之一的苏州园林设计院精心设计。占地面积5.2公顷，叠石为山，掘土成池，栽花植草，堤亭楼阁，曲径通幽。公园分东、中、西三大景区，数十个景点，各具特色，相互映衬，融为一体。晨煦堂、晨莺馆、晨星阁、六角亭、九曲桥、太湖石峰、画舫烟柳、绿沼荷香等主要景观交相辉映。园内楹联、匾额由袁木、沈鹏、周志高、钟振振、慈舟等名家题撰。

赵万村农民别墅的照片登上了《求是》杂志的封面。优美的村镇建设的景观曾经吸引了中央电视台前来拍摄成纪念改革开放的专题片《辉煌三十年》并播出。这片美丽而神奇的土地吸引了历任领导的目光，他们的足迹都留在这乡土之上。他们的赞许、首肯激发了农民致富奔小康的热情，激励村民们在建设新时代现代化道路上奔跑。

值得一提的是泰东河治理工程，2017年至2019年，江苏省水利厅泰东河治理工程局对赵万村的母亲河南汤河进行了全面整治。共投资3600万元，建成1座公路桥和6座曲桥、拱桥、景观桥。宽50米的南汤河东连泰东河，西接幸福河。两岸总长5200米，以生态砖全线驳岸，透水式人行道路面，酱色栏杆，滨河全面绿化、美化、亮化。

五

赵万村村民感叹祖祖辈辈劳作的艰难困苦，他们发奋读书，砥砺前行。这里走出了武警少将沈德富，走出了中国蔬菜流通协会会长汤咏，走出了江苏省政协秘书长赵京玉，走出了原南京军区测绘大队大队长汤晖等乡贤。后起之秀赵杨杨获得美国华盛顿大学博士学位，汤娜娜是北京大学金融专业硕士。叶百东、赵鹏秋、戴日岭、汤日圣、徐爱东、刘爱中、江飞舟、戴鼎震、汤广富、赵启群、葛玉林、赵信彪、赵观兵、汤日宁、戴涛等都在各自的领域取得优异成绩。赵冬俊2015年获评全国模范教师，杨汉洲、张吕义、杨汉忠、宫友军等是江苏省劳动模范。汤恒跃、吴玲夫妇援藏支教，被评为2019年“中国好人”。2017年，金凤凰舞蹈队进京参加央视文化艺术周展演，捧回银靴奖。

赵万村人热心公益，乐于助人。三大龙头企业申源、双乐、博生等企业负责人在为汶川、玉树赈灾以及捐资助学、扶贫济困等各项活动中总是义不容辞，争先捐款。全村村民都积极响应，慷慨解囊。沈德刚、戴鼎祥、汤日扣、赵京春、曹晓霞、王久寿、徐学冬、葛汝山等人见义勇为、助人为乐、拾金不昧的事迹受到村民们的普遍赞誉。

村庄河道

六

党的十一届三中全会之后，借改革开放之东风，赵万村人民群众的生活发生了翻天覆地的变化，住房由过去的茅草房、土墼墙变为青砖小瓦房，再发展到别墅、高楼，装修豪华，现代化家用电器一应俱全，家家都有小汽车。20世纪80年代之前，这里因为是水网地带，没有公路，出门总是靠船，去兴化来回最起码3天，一趟就需9个小时。如今到兴化只要45分钟。过去到上海，要坐帮船到溱潼，要到高港坐大轮，如今当天就可往返。村民沿352省道出村，便可迅速驶上204国道、京沪高速、宁靖盐高速，通向四面八方。20世纪六七十年代，老百姓日常生活基本吃不上白米饭，都是以粯子饭、萝卜饭、麦糁粥、青菜粥为主。只有逢年过节，来亲到友，餐桌上才有鱼肉荤腥。平时小菜以酱油豆腐、腌苋菜、腌咸菜为主。苹果、香蕉等水果有些人从来没见过。如今，不但吃得好、喝得好，而且讲究换口味，追求营养。菜场里各类肉品、水产品、海鲜品齐全，有各类时鲜水果和蔬菜。以前人们都是穿的灰布土衣，补丁摞着补丁。现在有各种时髦服装，款式多样，色彩艳丽。大街小巷中，西装革履，随处可见。赵万村村民中，98%以上劳动力务工经商，有的在当地或外地经营工业品，有的在工业园区办企业，有的从事运输服务业，还有的在工厂上班，年收入有的突破百万。年老的农民每年可以得到土地租金，有700多人得到失地保险，"五保"老人住进养老院，一切全免，还发给零花钱。在企业上班的都享有"五险一金"。村里还给每个村民缴纳医疗保险，仅这一项公共支出就达120多万元。2011年投资460万元，建成总面积1800平方米的赵万村村部及村民服务中心，集体办公，设施齐全，有会议室、图书室、阅览室、电教中心、心理咨询室等。

改革开放后，特别是21世纪以来，赵万村的发展速度加快，成就喜人。他们走出了一条由农业向工商业发展的新路子，变贫穷为富裕，改落后为先进。农民们成为时代的弄潮儿，完成了向工人、商人的彻底转变。2021年4月，张郭镇、戴南镇、茅山镇合并为新的戴南镇。赵万村人民汇入再造新戴南、打造苏中第一镇的滚滚洪流中，接续奋进，再创辉煌。

大事记

明

万历三年(1575年)

洪泽湖水泛滥,冲倒高家堰,当地一片汪洋,荒无人烟。

万历十年(1582年)

赵、万二姓人家从苏州阊门迁居于此,开垦荒地、繁衍后人。后取名赵万村。

清

康熙四十一年(1702年)

始纂赵氏家谱,称"半部堂"。赵氏谱牒载"吾族世系本宋裔也,由苏郡而迁扬籍"。

修建赵氏祠堂。位置在赵万村赵东区域老赵万庄中心,200平方米左右,初是赵氏第十一代子孙赵应镜私宅。

乾隆三十三年(1768年)

属东台县时堰镇。

道光二十年(1840年)

南甸汤氏始祖掬星堂汤友乐选择赵万南甸地界一四面环水

垛甸，由高邮汤庄携两子到此耕读长居。

咸丰四年（1854年）

叶氏三兄弟松秦、松华、松集迁入，择河西一垛而居。

中华民国

1931年

夏季，台风暴雨，农田被淹，全境遇灾。

1938年

创办赵万小学。

1944年5月

境域先后属兴东县、溱潼县管辖。

1949年5月

赵万境域划归兴化县。

中华人民共和国

1950年

赵万庄划归兴化县戴南区罗蒋乡（赵万、罗么、蒋舍），戴垛、南甸划归兴化县戴南区戴徐乡（戴垛、欧家、徐秤、南甸、范家、葛黄）。

1953年

第一次全国人口普查结果显示，赵万庄近2000人，戴垛800多人，南甸900多人，毛家舍150人。

1954年

7月，大水。最高水位3.1米，大面积农田被淹。

1955年

上半年，兴化县奖励南甸农业合作社一台东风12匹柴油机，一机多用，装上水泵能抽水灌溉，遇水灾能排涝，收割期间能脱粒，农闲上岸能机米磨面粉，为当地最早的农业机械。

1956年

在原赵万村中心租房屋5间，成立赵万联合诊所（下设张纪分所），有人员5名。

赵万村初级农业生产合作社转为赵万村高级合作社。农田开始推行“沤改旱”。

1958年

9月，罗蒋乡、赵北乡、戴徐乡、葛黄乡、张郭乡5个乡合并，成立张郭人民公社。赵万庄（从家祠巷一分为二）分设赵东大队（含毛家舍、赵东第一生产队）、赵西大队，南甸庄设南甸大队，戴垛庄设戴垛大队，归属张郭人民公社管辖。

张郭邮政所在赵氏祠堂对面租用的民房内设立，主要是收寄信函，代订报纸。

1959年

大水。境内农田被淹，房屋倒塌。

1962年

台风过境，大风大雨，农田被淹，危房倒塌严重。

1968年

赵万村境内4个大队共接收插队知识青年23人，其中女生12名、男生11名。

1969年

6月，南甸大队购进一台丰收-35型拖拉机。

1970年

在农中的基础上兴办赵万中学（初中、高中）。

迁址在赵万村东南新建张郭卫生院，占地面积2853.3平方米，建筑面积1435.3平方米，业务用房891.2平方米。

1971年

6月1日起，阴雨天持续19天，登场麦把生芽发霉，未割小麦白芽近寸。秋播遭遇连续阴雨，影响种麦破垡、盖种。

1975年

赵万中学迁址新建更名为张郭中学，招收全日制高中生。

南甸村从外地引进拉丝机械，创办拉丝厂（后称兴化电器二厂）。

1976年

7月，毛家舍生产队独立为农业技术推广站，称良种场。

戴垛村创办耐火材料厂，农科村创办兴化县五金电器厂。

1977年

创办幼儿班，附设于村小。

农科村投资8万元，建农科桥，3孔，桥面有护栏，长28米、宽2.5米。

1980年

境域开展土地联产承包。

1983年

发放农村土地使用承包证。

1985年

村民章德进在月收入只有几十元钱的情况下，捐资1万余元，建设村建安桥。

1989年

8月28日，日最大降雨量265.8毫米。

实行“两田制”（责任田、生活田）。

翟传芳（赵万人）被省政府表彰为江苏省劳动模范。

1990年

8月31日，受15号台风影响，境域内大风暴雨、河水猛涨，棉花、水稻倒伏严重，部分房屋倒塌，电线杆、树木折断，工厂积水停工，经济损失较为严重。

第四次全国人口普查结果显示，赵东1707人，赵西1280人，南甸1544人，戴垛1360人，毛舍390人。

1991年

6月12日—7月11日，共降暴雨、大暴雨、特大暴雨10次，总降雨量1000毫米。赵万村最高水位达3.63米，农作物全部被淹，工厂进水停产，全村投入抗洪排涝自救。

11月，张郭乡政府创办自来水厂，位置在赵东村东南方向。

1992年

年末，赵万数字程序控制电话开通。

翟传芳（赵万人）被省供销总社表彰为先进个人。

1993年

夏季起，粮食、棉花、油料、蚕茧收购四放开，取消定购定销，实行粮食商品化，各种经营市场化。

赵万路东段道路改造工程实施，路段全面浇筑为水泥硬质路面，东西全长1250米、宽14米，当年竣工交付使用。

1997年

11月，张郭镇有线电视达村村通；当年赵万村有线电视在全市率先实现户户通。

赵万村西侧道路拓宽改造工程实施，拆除民房16座，将原3米宽巷道拓宽至14米，路段全面浇筑为水泥硬质路面，当年竣工交付使用。

人民路道路改造工程实施，路段全面浇筑为水泥硬质路面，南北全长3000米、宽18米，当年竣工交付使用。

朝阳路道路改造工程实施，路段全面浇筑为水泥硬质路面，东西全长1250米、宽24米，当年竣工交付使用。

1998年

同济路道路改造工程实施，路段全面浇筑为水泥硬质路面，南北全长3000米、宽24米，当年竣工交付使用。

成立铸造行业协会。

1999年

3月，上海同济大学城市规划设计研究院受张郭镇人民政府委托，编制张郭镇镇区赵万村区域总体规划。

8月，赵万村被命名为江苏省卫生村。

千年路道路改造工程实施，路段全面浇筑为水泥硬质路面，东西全长1250米、宽24米，当年竣工交付使用。

2000年

实施文昌路道路改造工程，路段全面浇筑为水泥硬质路面，东西全长1250米、宽24米，当年竣工交付使用。

改造朝阳路道路，由水泥硬质路面改造为柏油路面，当年竣工交付使用。

实施康泰路道路改造工程，路段全面浇筑为水泥硬质路面，南北全长1000米、宽14米，当年竣工交付使用。

实施春晖路道路改造工程，路段全面浇筑为水泥硬质路面，南北全长1250米、宽14米，当年竣工交付使用。

2001年

赵万村村委对村庄建设进行统一规划，对全村农民宅基地新建房屋地基高程统一3.15米，楼房层高3.3米，占地面积154平方米。

原赵东、赵西、南甸、农科、戴垛5个村合并为赵万村，共有31个村民小组，常住人口6586人，农业人口5544人，耕地面积4368亩。

2002年

建设赵万工业园区。

成立电热仪表行业协会。

2003年

成立电线电缆行业协会。

赵万工业园区进驻企业近百家。

2004年

村庄规划，为打通赵万路，填平西泊，为今赵万村村部位置。

赵氏家谱第八次续修，分上、中、下三册，录入赵氏自始祖省一公于明初“洪武赶散”迁垦至赵万，传25代。

文昌路道路改造向东延伸至刘蒋路，道路改造后总长2500米，当年竣工交付使用。

2005年

5月，赵万村被泰州市委、市政府命名为泰州市文明村。

2006年

赵万村主要街道逐步安装路灯。

赵万村被泰州市委、市政府命名为全面小康建设十强村。

戴伯明被泰州市委表彰为优秀党务工作者。

2007年

2月，赵万村被江苏省林业局命名为绿色江苏建设模范村。

4月，赵万村结合村庄环境整治对前夹沟进行疏浚，进行驳岸绿化、亮化、美化，修建憩园4处、健身场所4处、公厕4座。

10月，经兴化市委组织部批准成立赵万村党委，下设4个党支部，共有党员163人。

赵万村被泰州市委、市政府命名为全面小康十强村。

恒丰道路改造工程实施，路段全面浇筑为水泥硬质路面，南北全长3800米、宽24米，当年竣工交付使用。

2008年

2月，赵万村前夹沟改造工程完成。

赵万村被泰州市委、市政府命名为全面小康建设十强村。

戴伯明被泰州市委表彰为“双带一促”先进个人。

2009年

12月，赵万村被江苏省民政厅命名为江苏管理民主示范村。

2010年

10月13日，赵月（赵万村人，女，中共党员，空军某部专机服务队副连职乘务长）随机组执行任务时负伤，于10月20日抢救无效在北京去世。10月25日被评为烈士，并追记二等功。

赵万村被江苏省精神文明建设指导委员会命名为江苏省文明村。

兴化市农技推广中心葛玉林（赵万村人）被国务院表彰为全国劳动模范（先进工作者）。

2011年

2月，实施赵万园区路沟槽改造工程，总投资3万多元。

6月，赵万村被泰州市委、市政府命名为泰州农村党风廉政建设示范村。

赵万村被江苏省依法治理领导小组命名为江苏省民主法治示范村。

赵万村被江苏省农村工作领导小组命名为江苏省社会主义新农村建设先进村。

赵万村村民全部纳入社会养老保障体系，凡赵万村民60岁以下，参加工作的每人每年缴纳300至550元养老保险金，60岁后可享受每月135元生活费。无儿无女的纳入“五保”供养，进入敬老院免费吃住，有专人护理，每人每月发100元零花钱。全村有95户185人享受最低生活保障。

按照规范化建设要求，投入460万元建成建筑面积1800平方米的4层赵万村村部及村民服务中心。2012年12月落成，实行集中办公。

2012年

12月，实施赵东巷道改造工程，总投资32.7万元。

12月，赵万村被国家人口计划生育委员会计划生育协会命名为人口计划基层群众自治示范村。

实施建陵路道路改造工程，路段全面浇筑为水泥硬质路面，北起北港河，南至名士生态园，南北全长2800米、宽24米，当年竣工交付使用。

赵万村被江苏省精神文明建设指导委员会授予江苏文明村称号。

2013年

2月，赵西广场、赵东围墙工程施工，投资3万元。

7月，赵万村被泰州市委、市政府授予泰州市文明村称号。

11月，赵西、戴垛园区绿化工程实施，总投资9万元。

12月，投资10.6万元改造南甸巷道。

半部堂子孙赵信林（东）、赵京玉倡导翻建赵氏宗祠。

赵万村被泰州市社会主义新农村建设工作领导小组命名为全面小康建设示范村。

赵万毛姓五世孙毛顺才主持完成族谱编修。

2014年

7月，南甸区域投资9.7万元，新建生产桥一座。

10月，赵万村投资60万元，将原赵万小学改建成赵万村敬老院。

12月，赵东区域新建健身广场一处，投资13.3万元。

赵万村投资15万元在原赵万小学广场东侧，建成村民红白喜事活动场所。

江苏省水利厅决定整治泰东河，幸福河被列为泰东河形象工程，获批立项。

幸福河整治工程两侧驳岸各铺一条人行道，南北长4000米。

村全部巷道在原来的基础上进行砼铺设，改成地下排水，拓宽巷道。

双乐公司投资1200多万元建设双乐生态公园，总面积150多亩，主体设计构思以农业生态为主题，集观光旅游为一体。

市水务部门组织机械疏浚幸福河与泰东河接口的1.3千米河段，并改建张郭至戴南的跨河公路大桥。

戴南高中数学教师汤恒跃主动援藏。期满后，申请再援藏两年。同为教师的妻子吴玲受他影响，也申请赴西藏支教。

2015年

5月，赵万村被泰州市委、市政府授予泰州市文明村称号。

9月，赵万村农科安置楼开工建设，安置群众90户，逐步改善村民住房条件。

10月25日，戴氏（北方）分支修谱结束，从22世始续，经忆始祖5位，已续成谱。

11月16日，中国工程院院士，化工、冶金与材料工程学部常委、副主任王一德一行6人，到张郭镇申源特钢有限公司调研不锈钢发展情况。

赵万村实施卫生改厕工程，村民家庭全部使用水冲式厕所。

戴伯明被省委组织部、宣传部表彰为优秀村党组织书记。

南汤河改造工程中，省泰东河项目投资5000万在南汤河两侧驳岸各铺一条人行道，西至幸福河，东至泰东河，全长5000米。

赵万村投资11.5万元在原赵万小学内新修建功能齐全、八位一体的赵万村乡村卫生室。

赵万村被兴化市委、市政府授予文明单位称号。

2016年

3月，南甸区域新建通村公路一条，投资37000元，建成总长78米、宽12米的水泥硬质路面。

5月8日，江苏京生管业有限公司征用村农科区域文昌路南侧、张时路西侧耕地88亩。

6月，赵万村获泰州市委授予的先进基层党组织称号。

7月，援藏教师汤恒跃获评拉萨市第七批优秀援藏干部。

9月，赵万村获江苏省精神文明建设指导委员会授予的江苏省文明村称号。

12月，赵万村被江苏省水利厅评为江苏省水美乡村。

晨秀公园被评为国家AA级旅游景点。

兴化市农技推广中心葛玉林（赵万村人）被省政府表彰为江苏省有突出贡献的中青年专家。

赵万村党委倡导“讲文明、树新风、促和谐”召开村民代表大会，制定《赵万村村规民约》。当年被兴化市委、市政府评为文明村标兵。

赵万村被泰州市委、市政府命名为强富美高新农村建设十佳示范村。

南汤河被省水利厅纳入泰东河幸福河整治工程。

村所有企业实行煤改电，拆除烟囱，车间有烟尘的安装吸附装置，或进行水过滤。

江苏金扬子包装科技有限公司“JYZ”图形商标被认定为江

苏省著名商标。

援藏教师汤恒跃被拉萨团市委授予拉萨市青年五四奖章。

2017年

1月，落实“河长制”，村委会主任担任村级河道“河长”。

夏，南甸庄十多位企业负责人自发捐款13万余元，从四川深山购买一块重30余吨的四方麻石，做成庄标，安置在庄前352省道旁。

8月，江苏省省长吴政隆带领党政代表团赴藏交流期间，援藏教师汤恒跃参加交流会，吴玲作为援藏教师代表向代表团汇报援教工作。

11月11日，赵万村金凤凰舞蹈队在央视舞台一展舞姿，取得优异成绩，获得央视文艺部颁发的银靴奖。

11月，赵万村被中央精神文明建设指导委员会命名为第五届全国文明村。

12月，赵万村企业592户，实现社会总产值80.55亿元，集体营业性收入1112.96万元，集体纯收入658.86万元，村民人均纯收入46800元。

戴伯明被江苏省委授予江苏省农村基层党建工作突出贡献奖。

赵万村卫生改厕工程全面完成，每户均建成水冲式厕所。

启动农科区域96户村民自来水改造维修升级工程，投资3万元。

南甸、农科区域文昌路北侧顾家沟工程改造，清淤驳岸，投资15.7万元。

援藏教师汤恒跃当选江苏好人。

2018年

4月，赵万村南汤河工程开工建设，两岸总长5100米，河面宽31至56米，是连接省级航道泰东河和市级骨干河道幸福河的纽带。

6月，启动《赵万村志》编撰工作。

评选出五好家庭111户、文明家庭120户、十星文明户20户。

完成高标准粮田建设1868亩。

赵万村出资900万元，参与投资共建镇扶贫产业园。

2019年

4月，对2014—2016年度失地农民进行补偿，赵万村首批次补偿39人，到2023年8月共4批次计672人享受失地保险红利。

7月，援藏教师汤恒跃、吴玲夫妇二人荣登中国好人榜。

10月，南汤河工程竣工。

12月，赵万村被江苏省精神文明建设指导委员会授予江苏省文明村称号。

泰州水务局联系张郭镇赵万村，开展大走访大落实活动，历时3年。期间完成赵万村老夹河环境改造，修缮赵西老北桥，建造垃圾分类收集亭10处。

江苏京生管业有限公司被评为泰州市科技小巨人企业，获得泰州市AAA级守合同重信用企业称号，被江苏省民营科技企业协会认定为江苏省民营科技企业。通过工信部“两化融合”管理体系贯标认证。通过国家高新技术企业认定。

2020年

4月2日，江苏省人大常委会副主任曲福田带队到兴化市张郭镇赵万村实地开展《江苏省促进政务服务便利化条例（草案）》立法调研。

11—12月，完成全国第七次人口普查，赵万村总人口5445人（此为农业人口，另有千余人转城镇户籍）。

11月，经中央文明委复核验收，赵万村被确认为全国文明村。

2021年

1月8日，赵万村完成合并后的村党委及各支部委员会的换届选举，并成立村级纪律检查委员会。

1月28日，赵万第十二届村民委员会完成换届选举。

2月25—27日，张郭镇举办“泰归雁”春训流动党员轮训班。学员代表实地参观赵万村、申源集团组织生活馆。

4月16日，戴南、张郭、茅山3个镇合并，组建新的戴南镇。赵万村隶属新戴南镇。

4月，兴化市委第一巡察组进驻赵万村进行政治生态巡察。

7月30日，境内江苏双乐颜料股份有限公司A板上市。

2022年

1月，兴化市戴南镇赵万村被江苏省精神文明建设指导委员会授予2019—2021年度江苏省文明村称号。

3月，赵万村接管原张郭镇科技园区所属企业87家，至此赵万村村管企业达386家。

2023年

3月，赵万村被泰州市委农村工作领导小组评为首批泰州市乡村振兴示范村。

5月18日，同济路南延工程竣工验收交付使用。

7月，农科区域新建总长140米、宽4.6米的硬质路面。

7月，农科区域夹沟新建200米长排水管道，农科区域原庄内臭水沟无法排放的问题得到解决。

第一篇　村情概览

赵万村位于兴化市东南部，为张郭镇镇政府所在地，于2001年由原赵东、赵西、南甸、农科、戴垛5个村合并而成。村东与蒋庄村、刘纪村相连，南与罗磨村接壤，西与北姜村毗邻，北与欧家村、同济村相接，生态宜人，物产丰盈。2017年年底，共有31个村民小组，人口6586人，村域面积8.63平方千米，耕地面积7700亩，个私企业592家。先后获评江苏省社会主义新农村建设先进村、江苏省民主法治示范村、江苏管理民主示范村、绿色江苏建设模范村、泰州市廉政建设示范村等荣誉称号。2006—2010年连续五年被表彰为泰州市十强村。2017年11月，赵万村获评第五届全国文明村。

历史沿革

村名由来

赵、万二姓人家原籍苏州，明初“洪武赶散”由阊门迁出，至万历十年（1582）迁居于此。该村赵氏保存的始修于清朝康熙四十一年（1702）的谱牒记载“吾族世系本宋裔也，由苏郡而迁扬籍”。因旱涝灾害频发，万氏不胜劳务，加上人丁不兴，不少万氏举家外迁或逃荒外出，赵万庄的万姓逐渐绝迹。赵氏后人仍世居于此，兴盛至今。

发展历史

赵万村村境历史上曾隶属海陵。乾隆三十三年（1768）到民国时期，属东台县时堰镇。1944年5月后，先后属兴东县、溱潼县管辖。1949年5月划归兴化县。

1950年，赵万属兴化县戴南区罗蒋乡（赵万、罗么、蒋舍），戴垛、南甸属兴化县戴南区戴徐乡（戴垛、欧家、徐秤、南甸、范家、葛黄）。张纪庄、郭堡、刘纪庄、曹舍、院头划归张郭乡。1958年9月，罗蒋乡、赵北乡、戴徐乡、葛黄乡、张郭乡5个乡合并，成立张郭人民公社，赵万村（从家祠巷一分为二）分设赵东大队、（含毛家舍，为赵东第一生产队）赵西大队，南甸村设为南甸大队，戴垛村设为戴垛大队，统归张郭人民公社管辖。1976年7月，毛家舍生产队独立为农业技术推广站，称良种场。1983年，管理体制改革，原人民公社改建为乡，原生产大队改建为村。1993年12月，张郭撤乡建镇。

2001年，赵东、赵西、戴垛、南甸和农科5个村合并为赵万村。至2017年，赵万村一直是张郭镇人民政府所在地。

自然村简介

赵万庄（赵东村、赵西村） 中华人民共和国成立前及解放初期，没有赵东村和赵西村称谓，统称赵万庄。1958年成立人民公社，将赵万庄分为赵东大队、赵西大队。该村赵姓占总人口80%以上。1987年联产承包时有耕地3503亩。至2017年年底，赵东区域总面积1765亩（已无可种植耕地），其中宅基地120亩、租赁办工厂902亩、生态园698亩、公路建设用地26.3亩、水利建设用地38.6亩，其余收归国有；赵西地域面积1360亩，其中村民居住面积120亩、种植面积360亩、水资源面积80亩，其余皆为工业用地。

截至2017年，赵东、赵西共有16个生产小组，总人口3167人，其中男性1562人，女性1605人。

赵万庄全貌

赵东、赵西区域历任村干部一览表（1955—2017年）

表1

区域	姓名	职务	任期	区域	姓名	职务	任期
赵东	韩如桐	支书	1955—1969	赵东	赵益华	支书	1998—2003
	赵信阔	支书	1969—1975		赵东红	支书	2003—至今
	赵京田	支书	1975—1975		赵京泉	大队长	1959—1962
	赵京楠	支书	1975—1980		徐德本	大队长	1962—1968
	赵观松	支书	1980—1983		赵京田	大队长	1968—1969
	赵信佑	支书	1983—1987		韩如桐	大队长	1969—1972
	赵观如	支书	1987—1992		赵观松	大队长	1976—1978
	赵观松	支书	1992—1998		赵京楠	主任	1978—2004

续表

区域	姓名	职务	任期	区域	姓名	职务	任期
赵东	赵庆生	主任	2004至今	赵西	郈友谅	大队长	1963—1967
	刘祥圣	会计	1957—1983		赵京海	大队长	1973—1978
	赵国良	会计	1983—1987		韩春阳	大队长	1978—1979
	赵信均	会计	1987—2000		郈友良	主任	1981—1986
	赵庆生	会计	2000—2004		刘宽大	主任	1986—1987
	赵　云	会计	2004至今		赵京波	主任	1988—1991
赵西	赵智云	支书	1955—1967		赵京庄	主任	1992—2010
	郈友谅	支书	1968—1975		赵信林	主任	2010—2011
	葛增祥	支书	1975—1979		钱永和	会计	1955—1962
	赵京海	支书	1980—1984		赵信才	会计	1963—1975
	赵信林	支书	1984—1988		韩春阳	会计	1975—1977
	刘宽大	支书	1988—1996		赵信林	会计	1978—1983
	赵信林	支书	1996—2010		赵京官	会计	1984—1995
	赵京涛	支书	2010至今		赵信忠	会计	1996—2010

附：赵万庄河流巷道简介

河流：南有南汤河，东有东港河，西有幸福河，庄前有前泊，庄后有后泊，庄西有西泊（2004年村庄规划，打通赵万路）。内有东西四条井字形夹沟，庄外田地之间还有若干河沟。

巷道：初期，原始村落无规划，赵万庄老庄基为一四面环水大垛，草房土墙七零八落，没有一条像样的道路。200多年前，赵氏第十六代孙，乡约（官名，相当于里长或村主任）赵仁居发起和组织人力财力，规划村庄道路，定期实施。将村庄中间定下一条东西主巷（赵万路），南北分布十来条巷道，使得房屋成排，道路笔直，纵横交错，井井有条。老一辈概括为："赵万庄，赵万庄，大小九井十三巷。"600多年来，村庄不断变化，古井还有一口，巷道也远远超过13条。以赵万路为界北侧，由东往西，巷名分别为东沿巷、方来巷、古井巷、郭通巷、学堂巷、祠堂巷、赵戴路、孔礼巷、仁义巷。赵万路南侧由东往西，巷名分别为方来南巷、古井南巷、圈门东巷、圈门巷、油坊巷、庙前巷。每条巷子都是用特制的青砖铺设，并在主巷道打了水井。2014年全部巷道在原来的基础上进行砼铺设，改成地下排水，拓宽巷道。

学堂巷　位于赵万路北边庄中心南北巷，因解放后重教育才，将原广济庵改建为学堂，故名。

祠堂巷 学堂巷西，巷中有清康熙年间始建的赵氏宗祠，故名。

赵戴路 家祠巷西，南接赵万街，北通戴垛村，故名。

孔礼巷 赵戴巷西，因乡贤私塾先生孔氏曾居之，故名。有尊师重教，崇儒尚礼之意。

明代古井

仁义巷 孔礼巷西，取赵氏字辈“仁义礼智信”前二字命名，以示后人重仁义不忘家风传承。

郭通巷 学堂巷东，原巷断分为二段，中间居郭氏，祖屋东厢阻断长巷，后郭氏前贤让出私房东厢使巷道通畅。此义举为乡邻称赞，故名。

古井巷 郭通巷东，巷中心有一古井，明初开掘，麻石井沿，故名。

方来巷 古井巷东，以赵氏祖上赵方来的名字命名。赵方来，生于明朝中期。某年逢大旱，全村河道干裂，只剩堑塘（现方来巷北头河面）。因堑塘河心与地下泉眼相通奔涌不歇。为方便多人提水，需扩大深掏。清淤到底，有一大石磨堵在泉眼上，难以搬运。赵方来用大铁锹伸到磨下，猛一发力，石磨凌空飞起，落到无人巷中，后作巷内铺石。后人为追忆赵方来，故名。

东沿巷 方来巷东，此巷沿堑塘至前泊河边，故名。

庙前巷 在赵万路南，为仁义巷的南巷，原仁义巷南头有一堂庙，故名。

油坊巷 庙前巷东，此巷从清末起即有一油坊，一直是赵万庄油品出处，故名。

圈门巷 油坊巷东，因当年此巷北临赵万路口，用青砖砌成带有江南园林风格的拱形门头，故名。

圈门巷再向东依次为学堂南巷、古井南巷、方来南巷。

离开原老庄基的巷道，因缺少了特殊背景，一般从住户特色或原田名而命名。如多姓巷，位于庄南隔河，巷内居15户中有赵、韩、翟、吴、陈、姚、章、任等八姓，故命名多姓巷。

另有八尺巷、柜台巷、白果巷、堑塘巷等因原老地名而命名。

村中村（水产村） 1967年，为安置几十户渔民，改变其无户口、无固定住所的局面，政府从赵东村九队划拨几十亩地，让他们建房安家，成立渔业大队（后称水产村），在赵东村和戴垛村的“洼楞”（方言）地方划拨30亩土地，供其耕种，使其能够安居乐业。1993年，张郭撤乡建镇，村民全部转为居民户籍，水产村转为水产居委会，水产村（水产居委会）与赵万村融为一体。

南甸村 清道光二十年（1840年），南甸掬星堂汤氏始祖汤友乐由高邮汤庄携两子而来，选择四面环水垛甸，耕读长居，已传十代。清咸丰四年（1854年），叶氏三兄弟松秦、松华、松集迁入，择河西一垛而居。以河为界，木桥往来，河东汤氏建房朝向东南，河西叶氏建房朝向西南，已传八代。

南甸土地肥沃，水源丰富，四周大片农田吸引来各地农民迁入，租田耕种，紧跟而来的孔家择河西与叶家为邻，曹家选河东与汤家相伴，后有一顺口溜说明了当年南甸村人居情况：“汤叶二姓，孔曹三家。”

汤叶二姓分东西两大垛而居，以木桥相连，后因载重行走需要，将木桥拆除，打土坝相连，二垛合一甸，村址如葫芦。周边田地也为不规则的田垛组成。从东边往南顺时针方向起，分别为周家位、西家湖、顾家沟、小位子、长圪、鹤田沟、龙尾、毛家尖、鹅家湾、庙家田、北十亩等。

南甸村于2001年并入赵万村。2017年，南甸地域面积1604亩，其中村民居住面积240亩、种植面积1234亩、水资源面积130亩。有8个生产小组，总人口1612

南甸全貌

人，其中：男性795人，女性817人。

2017年夏，南甸庄十多名企业负责人，自发捐款13万余元。从四川深山购买一块重30余吨的四方麻石，制作庄标安置庄前352省道旁，以作标记，传示后人。

南甸庄庄标

南甸区域历任村干部一览表（1955—2017）

表2

姓名	职务	任期	姓名	职务	任期
汤广荣	支书	1960—1978	汤广钊	大队长	1965—1978
汤广钊	支书	1978—1980	沈德双	大队长	1978—1984
叶庆兆	支书	1980—1981	叶太山	主任	1984—1985
叶庆成	支书	1981—1986	徐玉俊	主任	1985—1988
汤广松	支书	1986—1988	叶　平	主任	1988—1993
曹克勤	支书	1988—1993	叶太山	主任	1993—1996
叶　刚	支书	1993—1996	汤日根	主任	1996—1999
汤广钧	支书	1996—1999	曹文红	主任	1999—2008
叶庆斌	支书	1999—2013	叶庆凯	会计	1952—1953
汤日升	支书	2014—2017	汤广荣	会计	1953—1965
黄玉桂	会计	1965—1968	汤广均	会计	1983—1996
叶庆兆	会计	1969—1980	叶百太	会计	1996—1998
汤　荣	会计	1980—1983	周军平	会计	1998—2013

戴垛全貌

戴垛村 位于赵万村西北，是由4个垛子组成的自然村庄，幸福河紧依村西，庄后是352省道，东依恒丰路，与镇区相连，北与欧家村相接，西隔幸福河与戴南镇雁伦村相望。

戴垛村起源于六百多年前的“洪武赶散”，由戴姓发展为多姓村庄。至2017年年底统计有20个姓氏，其中戴氏900多人、王氏110多人、朱氏50多人、曹氏30多人，10人以上的姓氏有周、孙、翟、姜、徐、刘、袁、仇、许，10人以下的姓氏有叶、仲、李、江、张、高、胡。全村90岁以上的有8人，其中有百岁长寿老太太肖桂宝。

戴垛区域历任村干部一览表（1955—2003）

表3

姓名	职务	任期	姓名	职务	任期
戴如龙	社长	1949—1951	戴日盛	支书	1956—1971
戴金华	会计	1949—1951	戴鼎富	会计	1956—1971
韩如桐	社长	1951—1952	戴寿华	支书	1971—1980
戴如山	会计	1951—1952	戴正祥	会计	1971—1980
戴庆芝	社长	1949—1951	戴鼎祥	支书	1980—1991
戴寿华	会计	1949—1951	戴鼎昌	会计	1980—1991
曹德全	支书	1953—1956	王学全	支书	1991—1998
翟传美	会计	1953—1956	徐学俊	会计	1991—1999

续表

姓名	职务	任期	姓名	职务	任期
戴伯明	支书	1999至今	戴伯明	主任	1990—1998
翟春华	会计	2003—2012	戴寿根	主任	1998—1999
戴日方	主任	1983—1985	戴如南	主任	1999—2003
戴加安	主任	1985—1991			

20世纪70年代后随着社会经济的不断发展，戴垛工业迅速发展，村干部动员在外经商能人回村办厂。截至2017年，有私营企业86户，不少成为规模企业，主产业有高温耐火器材、高温线厂、电热管厂、电热仪表厂等，形成具有相当规模的戴垛工业园区，帮助1000多人解决就业问题。在外经商的共有105人。

2017年，戴垛地域面积1744亩，其中村民居住面积80亩、种植面积750亩、水资源面积130亩、租赁办厂面积709亩、国有面积75亩。有6个生产小组，总人口1417人，其中男性704人、女性713人。

农科村（毛家舍） 位于赵万村东北。明朝初期为申家庄。毛家舍形成于清朝咸丰年间。毛发高夫妻二人避祸逃难至此，帮赵万庄兴隆庵（前庙）种地，后落户并传有八代子孙。因在瓦砾荒地中此处地势较高，毛氏择居于此，故名。

农科村在赵万村东北，毛家舍很小，不到30户人家。1958年成立人民公社，毛家舍因靠近赵东村东边，隶属赵东大队，为赵东村第一生产队。1976年7月分出后，被公社用作良种场，改名为农

毛家舍全貌

科村。

2017年，农科村地域面积550亩，其中村民居住面积30亩、种植面积470亩、水资源面积50亩。有1个生产小组，总人口390人，其中男性203人、女性187人。

农科区域历任村干部一览表（1976年起）

表4

姓名	职务	任期	姓名	职务	任期
陈生哲	支书	1976—1977	黄响林	副主任	2008—2022
林永生	支书	1977—1978	赵信罗	主任	1976—1978
葛增祥	支书	1978—1978	黄响林	主任	1978—1989
韩如祥	支书	1979—1981	吉平友	主任	1989—1998
赵京龙	支书	1981—1987	赵信优	会计	1976—1988
华国干	支书	1988—1988	吉平根	会计	1989—1991
赵信优	支书	1989—1991	毛庆兵	会计	1992—1998
赵京龙	支书	1992—1998	刘卫华	会计	1998—2001
毛庆兵	支书	1998—2006	毛改年	会计	2001—2006
毛改年	区域负责人	2007—2008			

自然环境

区位地貌

赵万村位于北纬32°73′—32°77′，东经120°14′—120°18′，东距黄海70千米，南距长江90千米。处于里下河平原区的东南部，地面高程2.4—3.2米，平均高程2.8米。

2017 年赵万村区域面积一览表

表 5

序号	区域	名称	面积(亩)
1	赵东区域	东港田	870
2		吴家槽	250
3		荒圩子	150
4		罗磨田	300
5		柜台田	200
6		欧家田	373
7	赵西区域	小圩	160
8		钱家圩	180
9		许家圩	90
10		新河南	230
11		斜湾	180
12		沈练圩	170
13		八尺沟	180
14		六十六框	170

续表

序号	区域	名称	面积(亩)
15	南甸区域	西家湖	130
16		庙家田	25
17		周家圩	80
18		顾家沟	190
19		庄前河	185
20		鹤田沟	134
21		龙尾	170
22		庄西河	140
23		庄东河	180
24	戴垛区域	朱家圩	230
25		桥家田	195
26		宋家田	270
27		四选田	120
28		周家圩	120
29		二组北垛田	60
30		五组南垛田	40
31		五组北垛田	10
32		二八组圩	270
33	农科区域	葛家沟	180
34		西家湖	124
35		刘西田	96
36		毛家墩子	70
合计亩数			6522

主要水荡

境域水网交错，阡陌纵横，水资源充沛，水质良好，水面约占区域总面积的20%。河里有各种淡水鱼类，水草丰茂。村庄南有南汤河，北有北港河，东有东港河，西有幸福河，为典型的江北水乡平原。

赵万村河道风景

附：主要河荡选介

幸福河：1975年挑建的人工河，南起张郭镇泰东河，北至陶庄镇车路河。幸福河在张郭镇中部，呈南北走向，其中352省道向北段为2015年新开河道。幸福河在张郭镇境内全长8.9千米，口宽55米，河底高程-1.5米，流经罗磨、赵万、欧家、同济、喻戚、华庄6个村，主要支流有南汤河、鸡爪河、华唐河。河道两侧圩堤有中心圩、葛黄圩、徐秤圩、朱戚圩、华西圩。中心圩有祁雁闸、陈万闸、赵西汤河双站、赵西生产河闸、朝阳西闸、耐火厂闸、戴垛庄后闸、戴垛幸福河东站；葛黄圩有赵西汤河口子闸、赵西小闸、戴垛站口子闸、戴垛幸福河西站、欧家6号闸、欧家1号闸、欧家7号闸、欧家8号闸、欧家幸福河站、徐秤幸福河站；徐秤圩有徐秤幸福河闸；朱戚圩有喻垛闸、喻垛站、喻垛西闸、华庄1号闸、华东幸福河站；华西圩有华庄2号闸、华庄3号闸、华庄4号闸、华庄5号闸、华西幸福河站，共22座闸9座站。两侧圩堤达标，已绿化。河道沿线无渔网罾簖，无畜禽养殖，河道南端设卡口1处，跨河桥梁15座。

北港河：位于张郭镇中部，呈东西走向，东起南口子河，西至欧家16闸。全长4.02千米，口宽30至55米，底高程-1至-1.2米。流经赵万、同济、刘纪、五星4个村。河道两侧圩堤有范徐圩、中心圩、张曹圩。范徐圩有范家站口闸、范家南甸西站、范家站口东闸；中心圩有欧家16闸、南甸北闸、南甸庙家田闸、刘西麻沟闸、刘西林口闸、裕民路林口双泵站、曹郭酱厂东闸、曹郭花站东口子闸、郭西庄西闸；张曹圩有曹郭夹河闸、曹郭站、郭西西闸，共12座闸3座站。河道南岸为裕民路以路代圩，北岸除曹郭庄圩外圩堤基本达标（宽度不足，现状2.5至3米），未绿化。

南汤河：位于张郭镇东南部，呈东西走向，东起泰东河，西至幸福河。全长5.2千米（其中流经境域2.6千米），口宽28至50米，河底高程-0.8至-2米。流经蒋庄、赵万2个村。该河道是中心圩内的骨干河道。河道两端有赵西汤河双站、蒋庄北闸、蒋庄北站、蒋庄6组闸以及在建的蒋庄闸和双泵站（建成后淘汰蒋庄北闸站）。

赵万村河道一览表（至2017年）

表6

序号	区域	河道名称	流向	河道长度（米）	河道宽度（米）
1	赵东区域	东港河	南北	280	58
2		前泊河	南北	350	45

续表

序号	区域	河道名称	流向	河道长度(米)	河道宽度(米)
3	赵东区域	夹河	东西	150	10
4		九十亩沟	东西	500	20
5	赵西区域	南汤河	东西	1200	70
6		庄内夹河	东西	650	20
7		恒丰河	南北	1000	50
8		二组生产河	东西	650	25
9		新河南生产河	东西	650	25
10	南旬区域	庄前河	东西	750	45
11		学校后河	东西	620	35
12		庄西河	南北	650	25
13		麻沟河	南北	350	42
14	戴垛区域	西大河	东西	660	30
15		中心河	南北	750	40
16		庄东河	东西	570	35
17		公墓河	东西	830	20
18	农科区域	庄前河	东西	300	22
19		葛家沟	东西	650	28
20		麻沟河	南北	202	42

气候物候

气候

赵万村地处北温亚带湿润季风气候区，寒暑变化明显，春秋短、冬夏长。四季分明，雨量充沛，光照充足，无霜期长、春温多变、夏季酷热、秋高气爽，冬季严寒，常年主导风向为东南风。

春季从4月初至6月中旬，历时70多天；初春气温回升较慢、冷暖变化较大，4月升温较快；夏季从6月中旬至9月中旬，历时90多天；6月下旬进入梅雨季，升温幅度不大，盛夏高温干旱，期间灾害性天气较多；秋季从9月中旬至11月底，历时75天；9月中旬平均有7天左右的高温天气，俗称“秋老虎”。9月下旬起，因受副热带高压控制，太阳辐射减弱，台风较多，气温逐渐下降，亦有秋雨连绵，10月后降水减少，多见秋高气爽天气；冬季从12月初至次年4月初，历时120多天，多为干燥、晴冷天气，常遇寒流压境、气温陡降；1月下旬是全年最冷时期，民间习惯称“交冬数九”，以“三九”“四九”最冷。

赵万村全年平均气温15℃左右，最高19℃，最低11.5℃。单日气温最高40℃，极端最低气温为-14.9℃（1969年2月6日）。全年中，春季平均气温在10℃至22℃之间。20世纪90年代后，超过35℃的高温天气显见增多。秋季平均气温在10℃至22℃之间。冬季平均气温1.6℃；低于-5℃的低温天气平均8至9天。20世纪60年代以前常见大河严重封冻，常破冰扒泥积肥；进入2000年后，多见连年“暖冬”。

平均年降雨日112天左右，最多的1985年降雨133天，最少的1978年降雨75天。平均年降水量1016毫米，最多年份1889毫米，最少年份393.6毫米。常年降雨量分布：春秋两季各占20%、冬季占10%，其余50%集中在夏季。6至9月为汛期，全年约60%的降水集中在这一时期。其中以7月最多，可达240毫米左右，占季降水量（6至8月）的46.6%。降水较少的是1月、2月、12月，雨量共88毫米，占全年降水量的8.6%。日最大降雨量265.8毫米，发生在1989年8月28日。3日内最大雨量为269毫米。月最大降水量598.4毫米，发生在1954年7月。一小时最大降水55毫米。历年来最长连续降水日数为14天。

夏季降雨多以梅雨季为主。每年初夏，太平洋高压气流北进，与来自北方的冷空气交汇于江淮之间，地面上形成静止锋，从此进入梅雨季节。梅雨平均为22天，常年6月19日“入梅”，7月11日“出梅”。“早梅”始于6月初，“晚梅”始于7月初。梅雨期内阴雨连绵，并常伴有雷暴、暴雨或冰雹等自然灾害性天气。雨量平均为290毫米左右。最大1310.8毫米（1991年），是正常年份的5.7倍，为大水年份1954年雨量616毫米的2.1倍，导致特大水灾。2003年梅期32天，雨日28天，总降雨量652毫米。

村境内无霜期年平均227天，最多251天，最少205天。常年初霜期始于11月中旬左右，出现最早的是1973年10月25日，出现最晚的是1965年11月26日。常年断霜期在次年3月底，出现最早的是1967年3月9日，出现最晚的是1955年4月21日。

常年初雪期在12月26日左右，最早的是1976年11月17日，最迟的是1963年2月4日。终雪在次年3月10日左右，最早的是1974年1月26日，最迟的是1964年4月7日。最大降雪深度15厘米（1972年2月9日）。年平均降雪天气7天左右，最多的是1967至1968年降雪17天，最少的是1974至1975年没有降雪。常年积雪日数4至8天，1969年积雪长达22天。2000年以来，受大气温室效应的影响，平均气温升高，霜雪趋少。

村境内季风气候比较明显。常年以

东南风居多，东风次之。序时风向：11月起主刮偏北风，次年3月起主刮东北风，4月、8月以东南风为主，6月、7月、8月风向一般多变不定，9月以东北风居多。

夏天常受台风外围的影响，常伴随大风、雷电、暴雨。偶尔出现龙卷风。

物候

村境内主要农作物一般品种的候期如下：

小麦 10月28日左右播种，11月6日左右出苗，11月25日左右分蘖，12月25日左右越冬，次年2月15日左右春季返青，3月10日左右拔节，4月20日左右抽穗，4月25日左右扬花，5月20日前后乳熟，6月3日左右成熟。

水稻 5月12日播种，5月18日出苗，6月15日左右移栽，6月22日左右活棵，7月10日左右分蘖，7月22日左右拔节，8月25日左右抽穗，8月30日左右扬花，9月15日左右乳熟，10月10日左右成熟。

油菜 9月18日左右播种，9月24日左右出苗，11月1日左右移栽，次年3月1日左右抽薹，3月28日左右开花，4月23日左右终花，5月25日左右成熟收割。

村境内主要林木、果树一般品种的候期如下：

意大利杨 4月上旬萌芽，4月中下旬展叶，5月上旬开花，10月中旬落叶。

刺槐 3月下旬萌芽，4月上旬展叶，4月下旬开花，7月中旬果实成熟，11月上旬落叶过冬。

旱柳 3月3日左右萌芽，3月18日左右展叶，3月29日左右开花，4月21日左右果实成熟，12月3日左右秋叶变色，12月15日左右落叶。

苹果 辽伏品种，4月上旬萌芽，4月下旬开花，9月下旬成熟，11月下旬落叶。

鸭梨 3月中旬萌芽，4月上旬开花，9月下旬成熟，11月下旬落叶。

雨花露桃 2月中旬萌芽，3月下旬开花，6月中旬果实成熟，11月落叶。

境内主要动物一般品种的候期如下：

燕子 4月归来做窝，10月南飞。20世纪90年代后，“燕子绕梁飞，做窝孵小鸡”已经不多见了，近年来燕子数量也在减少。

布谷鸟（大杜鹃） 6月间夜间飞鸣。

雁 10月下旬由北方迁来，翌年3月下旬北飞。

青蛙 4月下旬始鸣，7月蛙声一片，10月上旬绝鸣。因频施农药，近年青蛙不断减少。

蝉 7月中旬始鸣，8月下旬枝头鸣叫。

蛇 3月上旬出洞，10月下旬入洞冬眠。

赵万村境河道（前泊）

自然资源

水资源 赵万村境内河网密布，地表水、地下水资源丰富，水质较好。平均年降雨量为1000毫米左右；雨多年份1300毫米，最高年份可达1889毫米（1991年），枯水年份小于750毫米，最低年份393.8毫米（1978年）。村境内和镇境内无蓄水设施。故汛期河网内水位达1.45米，便向江海排泄。枯水年份，河网内水位低于0.8米左右，即引江水补充。江都水利枢纽工程和泰州引江河工程建成后，2003年开始，引长江水灌溉饮用，无雨季保持水流畅通，满足庄稼正常供水，大旱之年亦无缺水之患。

植物资源 历史上，村境内常见树种有银杏、柏树、杨树、柳树、桑树、榆树、楝树、槐树、竹、黄杨树等。楝树品种现已不多见。从20世纪90年代后，村里引进的绿化树种增多，有雪松、黑松、马尾松、罗汉松、宝塔松、雀舌、水杉、侧柏、刺柏、香樟、玉兰花、蜡梅、悬铃木、龙爪槐、红叶李、红枫、梧桐、泡桐、意杨、冬青、棕榈、桂花、石榴、紫薇等。

花卉有兰、菊、月季、玫瑰、水仙、茉莉、凤仙、美人蕉、仙人掌、吉祥草、万年青、杜鹃、君子兰、栀子、如意草、海棠、蔷薇、含笑、夜来香、白玉兰、茶梅、茶花、夹竹桃、蜡梅、三角梅、米兰花等，少数是引进南方品种，多为当地品种。

主要农作物有水稻、大麦、小麦、棉花、玉米、山芋、油菜等种类。

果蔬类有白菜、青菜、菠菜、韭菜、包菜、茼蒿、芹菜、香菜、莴苣、苋菜、花生、芝麻、向日葵、南瓜、黄瓜、水瓜、丝瓜、冬瓜、西瓜、蒿瓜、佛手瓜、蚕豆、豌豆、黄豆（大豆）、扁豆、刀豆、豇豆、红豆、绿豆、萝卜、胡萝卜、芋头、慈姑、莲藕、茄子、西红柿、辣椒、黄花菜等。

野生草类有节节草、凤尾草、四叶菜、马齿苋、中繁缕、金鱼藻、牛耳朵、裸裸藤、地钱、蕨、枸杞、鸡头、荠菜、瓦松、土鸡冠、水花生、水葫芦、绿萍、油搭儿、益母草、菖蒲、野艾、紫苏、灯笼草、马兰头、蒲公英、奶浆草、狗尾草、芦柴、蒲草、芦竹等。

动物资源 村境内常见动物有蟾蜍、青蛙、蚯蚓、蚂蟥、河蚌、田螺、牡蛎、百脚、蓑衣虫、壁虎、蝙蝠、蜘蛛、苍蝇、蚊虫、红虫、蛩虾、灶鸡、蛐蛐、金铃子、土地狗、蟋蟀、地鳖虫、蜻蜓、蝉、飞虱、蟥虫、蓟蚂、蚂蚁、臭虫、洋辣子、螟虫、粉蝶、蝴蝶、瓢虫、蛉虫、萤火虫、叩头虫、金龟子、胡蜂、马蜂、跳蚤、蛇类等。20世纪80年代后因大量使用农药，动物品种及数量逐渐减少。

水产类有鲫鱼、鳊鱼、鲢鱼、鳗鱼、鲤鱼、白鱼、胡子鲶、昂刺（又称角鱼）、甲鱼、乌鱼、银鱼、青鱼、草鱼、河虾、螃蟹、龙虾、鲈伙等，20世纪60年代前均是野生。20世纪70年代起，部分集体经营养殖，利用河、塘放养，大都是白鲢、花鲢、草鱼、青鱼、河虾、螃蟹等。

家畜禽类有牛、猪、羊、兔、鸡、鸭、鹅、鹌鹑、鸽、狗、猫、鹦鹉、黄雀、八哥等。20世纪80年代后，耕牛被机械化取代，唯有少量农户驯养。

自然灾害

赵万村境内主要自然灾害有水涝、旱灾、冰雹、暴雪、雷电、地震、病虫、高温、霜冻、冰冻等。其中台风、暴雨、连续阴雨等夏秋较为频发，但一般都为外围影响，造成长势较旺、密度高的庄稼倒伏，小面积粮食减产。

1931年夏，台风暴雨，农田被淹，全境遇灾。1953至1990年，境内共出现暴雨138次，平均每年约3.7次；其中大暴雨19次，平均约2年一遇。1954年7月大水，最高水位3.1米，大面积农田被淹。1959年大水，境内农田被淹，房屋倒塌。1962年，台风过境，大风大雨，农田被淹，危房倒塌严重。1991年夏，发生特大暴雨，当年6月12日至7月11日，共降暴雨、大暴雨、特大暴雨10次，总降雨量1000毫米，最高水位3.63米。2003年，梅雨期曾连降5场暴雨。（每年6至9月为暴雨多发期，往往河水猛涨、客水压境，引发洪涝灾害，气象界定为汛期。

连阴雨天气在春、夏、秋三季都有发生。在春播期间（4月初至5月中旬）连续阴雨，约10年7遇，且多伴低温。1985年曾出现3次。持续时间最长达18天之久、降温落差最大5.7℃，发生在1961年4月。夏收夏种期间（5月下旬至6月中旬）发生连续阴雨，夏季一般10年4遇。秋季连续阴雨约2年一遇。

夏收期间遭遇连续阴雨，农民称“烂麦场”。1971年6月1日起，阴雨天连续19天，登场麦把生芽发霉，未割小麦白芽近寸。秋播遭遇连续阴雨，影响种麦破垡、盖种。1970年秋雨连续30天，2016年秋雨连续35天，给农业造成了不同程度的灾害。

1990年8月31日，受15号台风影响，境内大风暴雨、河水猛涨，造成棉花、水稻严重倒伏，部分房屋倒塌，电线杆、树木折断，工厂积水而停工，经济损失较为严重。2000至2017年间未发生重大台风灾害。

人口土地

人口总量

民国时期，由于受自然灾害和战争因素影响，村内人口增长缓慢。中华人民共和国成立初期，境域人口总数约为1850人。之后，随着国家和地方经济社会发展和人口政策的变化，境域人口生育经历了两个高峰期、一个低谷期和一个控制期。高峰期即1949至1957年和1962至1973年两个阶段，这两个时期社会稳定，经济发展，人口增长率高。1953年第一次全国人口普查时，赵万庄不到2000人、戴垛800多人、南甸900多人，毛家舍150人。一个低谷期，即1959至1961年，人口总数下降。一个控制期，即1974至2015年，提倡一对夫妇只生一胎。1990年第四次全国人口普查显示，赵东1707人、赵西1280人、南甸1544人、戴垛1360人、毛舍390人。2016年，人口增长进入自然化，但由于多数学生上学毕业后在外地就业，加之外出务工人员户口迁出，或者定居城镇，村内人口仍不见增长。人口趋势由高出生、低死亡、高自然增长，向低出生、低死亡、低增长的方向转变。截至2017年，赵万村总户数为1749户，总人口为6586人，其中女性3322人、男性3264人。

赵万村人口总量一览表（2008至2017年）

表7

年份	总户数(户)	总人口(人)	其中	
			女(人)	男(人)
2008	1821	6886	3502	3384
2009	1804	6831	3471	3360
2010	1812	6797	3452	3345
2011	1791	6754	3439	3315

续表

年份	总户数（户）	总人口（人）	其中	
			女（人）	男（人）
2012	1801	6729	3435	3294
2013	1793	6698	3409	3289
2014	1786	6673	3395	3278
2015	1759	6651	3378	3273
2016	1754	6615	3346	3269
2017	1749	6586	3322	3264

人口构成

2017年年底，赵万村总人口6586人中男性3264人、女性3322人，性别比为98∶100。年龄分段：0至10岁487人，11至20岁616人，21至30岁488人，31至40岁856人，41至50岁755人，51至60岁1249人，61至70岁855人，71至80岁823人，81至90岁368人，91至100岁30人，100岁以上2人。除两位少数民族嫁到该村的妇女，余者皆为汉族。村域内外来人口约12000人。2000年至2017年，赵万村人口呈现缓慢下降趋势，特别是1至14岁儿童，年龄结构变化明显，50岁以上人口比重提高，老龄化现象日趋明显。

2017年赵万村人口调查分年龄组统计的男女比例一览表

表8　　　　单位：人

年龄组	男	女	性别比	年龄组	男	女	性别比
0至9	333	248	74.5	60至69	466	531	113.9
10至19	284	195	50.8	70至79	233	262	112.4
20至29	452	307	67.9	80至89	95	138	145.3
30至39	342	353	103.2	90至99	7	16	228.6
40至49	465	442	95	100至109	0	2	
50至59	438	525	119.8	合计	3115	3017	103.2

姓氏

截至2017年，赵万村总户数为1749户，总人口为6586人。共有赵、戴、葛、韩、于、刘、钱、华、徐、练、姚、许、郭、郜、吴、任、陈、王、杨、沈、李、高、何、梅等146个姓氏。

赵氏为第一大姓，有1639人。考证赵氏家谱，赵公共生3个儿子、2个女儿，又5个孙子，再曾孙11个，共分10门支派。2017年，赵氏宗族在赵万庄居住的已经发展到人丁2580人，其中迁出外地及定居海外的有900人左右。戴为第二大姓，有818人。其余100人以上的姓氏还有韩、曹、陈、葛、华、王、徐、周、叶、汤、刘、钱、李、于、朱等。

2017 年赵万村人口姓氏一览表

表 9

姓氏	人数	性别		80岁以上人口		90岁以上人口	
		男	女	男	女	男	女
赵	1639	982	657	28	11	6	6
韩	133	72	61		5		1
曹	141	75	66	2	1		
陈	108	22	86	1	6		
戴	818	546	272	9	3		
葛	261	130	131		2		
华	131	20	111	3	3		1
王	245	101	144	4	6		1
徐	261	68	193		2		
周	132	43	89		2		
叶	282	196	86	6	3		
汤	334	224	110	7		1	2
刘	187	74	113	2	5		1
许	73	35	38		1		
钱	101	31	70				
扬	68	23	45	1			

续表

姓氏	人数	性别		80岁以上人口		90岁以上人口	
		男	女	男	女	男	女
顾	45	15	30				1
郭	40	22	18				
练	59	30	29				
李	141	19	122				
黄	93	28	65	3	3		
孔	38	26	12				
蒋	15	4	11				
金	19	11	8				
吉	29	17	12				
曾	1		1				
仇	15	8	7				
崔	6	1	5				
刁	17	10	7				
丁	21	2	19		1		
董	14	2	12		2		
窦	6	2	4				
杜	4		4				
范	4		4				
宫	8	2	6				
方	1		1				
冯	16	5	11				
高	37	11	26			1	
龚	1	1					
杭	7		7				
何	72	7	65				
侯	2		2				

续表

姓氏	人数	性别		80岁以上人口		90岁以上人口	
		男	女	男	女	男	女
胡	20	6	14				
花	11	3	8				
季	2	1	1				
江	3	1	2				
井	1		1				1
景	2	1	1				
鞠	2		2				
廖	1		1				
林	1		1				
凌	11	3	8				
鲁	9		9				1
陆	11	3	8				
罗	14	7	7				
马	5	2	3				
毛	44	29	15	1			
梅	8	4	4				
孟	2		2				
欧	1		1				
潘	36	2	34				
彭	3		3				
任	25	17	8	1			
沈	94	37	57	1	2		1
施	4	1	3				
史	3		3				
舒	2		2				
宋	5		5				

续表

姓氏	人数	性别		80岁以上人口		90岁以上人口	
		男	女	男	女	男	女
苏	4		4				
孙	45	8	37				1
唐	24	3	21				
陶	5		5				
滕	1		1				
汪	6	2	4				
韦	2		2				
温	7	3	4				
文	1		1				
吴	41	14	27	1	1		
伍	2		2				
武	35	5	30				
奚	1	1					
夏	31	4	27				1
向	1		1				
肖	3		3				1
薛	10	2	8	1			
严	2		2				
姚	57	23	34	1			
于	110	51	59	3	1		1
袁	23	14	9				
连	8	4	4				
翟	23	6	17				
张	81	12	69		1		
章	43		43				2
钟	2	2					

续表

姓氏	人数	性别		80岁以上人口		90岁以上人口	
		男	女	男	女	男	女
朱	158	45	113		1		
祝	22	14	8	1			
邹	18	6	12				
郜	53	28	25				
闫	4	3	1				
纪	3		3				1
郏	2	1	1				
焦	2		2				
开	3		3				
郑	2		2				
柯	2		2				
房	1		1				
乐	1		1				
尤	3		3				
娄	4		4				
祁	1		1				
桑	1		1				
沙	10	5	5	2			
申	2		2				
吕	9	5	4				
奚	2		2				
单	2		2				
鲍	1		1				
蔡	3		3		1		
安	1		1				
丛	1		1				

续表

姓氏	人数	性别		80岁以上人口		90岁以上人口	
		男	女	男	女	男	女
狄	1		1				
豆	1		1				
费	3	2	1				
姬	1		1				
姜	16	12	4	1			
缪	1		1				
宁	1		1				
牛	1		1				
裴	2	1	1				
田	1		1				
余	4		4				
仲	4	1	3				
秦	3	3					
翁	2		2				
成	1		1				
付	1		1				
郝	2		2				
林	1		1				
尚	1		1				
邵	2		2				
史	2	1	1				
熊	1		1				
颜	1	1					
游	1		1				
臧	1		1				
白	1		1				
合计	6586	3264	3322	79	63	8	23

赵万村 90 岁以上老人统计表（截至 2019 年）

表 10

区域	姓名	性别	出生时间	年龄	区域	姓名	性别	出生时间	年龄
赵东	章艮珍	女	1920.11.23	99	戴垛	肖桂宝	女	1919	100
赵东	赵响粉	女	1927.3.25	92	戴垛	赵粉头	女	1923	96
赵东	赵信入	男	1928.5.30	91	戴垛	王永英	女	1926	93
赵东	井秋英	女	1927.12.28	92	戴垛	顾粉香	女	1927	92
赵东	沈米英	女	1928.6.26	91	赵西	章树珍	女	1923.2.3	96
赵东	于存罗	女	1928.8.9	91	赵西	高存美	男	1923.3.3	96
赵东	华国泉	男	1928.12.11	91	赵西	汤小粉	女	1925.11.19	94
赵东	赵小林	女	1929.3.27	90	赵西	赵智谦	男	1926.10.24	93

慰问百岁老人肖桂宝

续表

区域	姓名	性别	出生时间	年龄	区域	姓名	性别	出生时间	年龄
赵东	赵京州	男	1929.6.12	90	赵西	赵高卿	男	1927.2.13	92
赵东	华阿多	女	1929.8.23	90	赵西	夏粉罗	女	1928.9.11	91
赵东	赵信志	男	1924.10.10	95	赵西	韩兰芳	女	1929.10.8	90
赵东	鲁粉罗	女	1920.8.20	99	南甸	汤济印	男	1928.6.11	91
赵东	孙巧头	女	1927.12.19	92	南甸	刘桂云	女	1928.12.22	91
农科	纪书头	女	1928	91	南甸	汤岁小	女	1929.8.13	90
农科	赵信余	男	1926	93	南甸	赵响珍	女	1929.12.26	90

注：根据2019年赵万村农村合作医疗名单统计

土地面积

中华人民共和国成立初期，境域有耕地8500亩，人口3750人，人均耕地2.26亩。

20世纪80年代后，由于人口增加，农田水利及公路建设、村镇建设，各种基础设施建设，企业开发，土地开发利用比较充分，境域土地可用面积急剧减少。截至2017年，赵万村境域总面积8.63平方千米，其中土地面积5.13平方千米，农用耕地1713.96亩，人均0.28亩。

赵万村土地一览表（2017年）

表11

行政区域	合计（亩）	耕地（亩）	果园林地（亩）	其他农用地（亩）	农民宅基地	土地租赁	公路用地	水利建筑用地
赵东	1760.96	0			98	1598.06	26.3	38.6
赵西	1843.74	379.6	15	45	107.17	901	328.47	67.5
南甸	1920.09	407.26			72.8	1363.11	69.92	7
戴垛	1740.77	927.1	3.5		80.2	661.77	32.6	35.6
农科	428	0	70.6		37.3	294.9	25.2	
合计	7693.56	1713.96	89.1	45	395.47	4818.84	482.49	148.7

赵万村沿河风景（后泊）

经济发展

大棚种植

经济综情

赵万村的传统产业是农业，主要种植水稻、棉花和三麦，还有大豆、油菜、玉米、山芋等农作物。改革开放后，农民们种植过黄皮洋葱、甜叶菊等经济作物，养殖过牛蛙、河蚌、鱼虾，但效益均一般。

20世纪80年代后，赵万村利用乡镇政府所在地以及乡镇企业的人才资源优势，大力发展村办企业，后来又大力发展民营企业，用现代工业来逐步取代过去占主导地位的农业，工业经济突飞猛进。逐渐形成以化工颜料、电热、电器、工业炉、精密仪表、电线电缆、高温线、伴热带、金属软管、线缆桥架等为主要产品类型的工业强村。重点企业有申源特钢股份有限公司、双乐颜料股份有限公司、博生医药包装材料有限公司等。2006年至2010年，连续五年被表彰为泰州市十强村。

2017年年底，赵万村有5个工业园区，占地面积2679亩（赵东工业园350亩、赵西工业园510亩、戴垛工业园430亩、南甸工业园750亩、农科工业园439亩），企业592户，其中上规模企业167家、小企业425家，年产值达60.4亿元，销售额57.33亿元，创利税5.64亿元，企业职工人数8611人。这些企业吸引了包括专家、技术人员和普通职工在内的许多人口。

2017年12月，赵万村实现社会总产值90.55亿元，集体营业性收入1112.96万元，集体纯收入658.86万元，村民人均纯收入46800元。

主要农作物产量

中华人民共和国成立前，赵万村境内沤田多，以一年一熟水稻为主，稻麦两熟和棉花夹种的二熟田不多，边框好田两熟双茬。水稻亩产150至200公斤左右，三麦亩产在100公斤左右，皮棉亩产15公斤左右。至60年代后实行沤改旱，结束赵万村过去一年一熟冬沤田的历史。

农业种植

2011—2017 年赵万村粮食产量一览表

表 12

年份	全年产量			三麦			水稻		
	面积（亩）	单产（公斤）	总产（吨）	面积（亩）	单产（公斤）	总产（吨）	面积（亩）	单产（公斤）	总产（吨）
2011	3470.1	959	3327.55	3470.1	384	1333.25	3470.1	575	1994.3
2012	3490.1	934	3260.6	3205.3	357	1144.4	3490.1	606	2116.2
2013	3302	1025	3386.4	3169	420	1331.9	3302	622	2054.5
2014	2898	873	2528.69	2898	426	1234.5	2392	541	1294.19
2015	2898	1000	2897.27	2898	473	1370.8	2392	638	1526.47
2016	2816	872	2454.65	2816	358	1008.5	2363	612	1446.15
2017	2753	940	2589.3	2753	412	1134.2	2347	620	1455.1

20世纪50年代前，秋播期秋分早、霜降晚，“寒露到霜降，种麦正当向”。从50年代中后期推广半冬性品种，播种期推迟到霜降前后。80年代全面推广塑料盘育秧法和纯旱秧。90年代推行塑料盘育苗和抛秧的栽插方式。1991年，赵万村的粮食平均亩产达到770公斤，比1970年几乎翻一倍。2000年后，采用水直播，不浸种，不催芽，稻种直接撒在麦田里。种田大户都用营养土塑料盘育秧。全部用机械化栽插、收割。2017年，赵万村粮食总产量2589.3吨，其中三麦总产量1134.2吨、水稻总产量1455.1吨。

林牧渔业

赵万村境内林木树种主要有杨、柳、槐、榆、楝、柏、桑、椿、黄杨、银杏、石榴、梨、桃等当地品种。90年代后引进香樟、水杉、泡桐、意杨、五针松、广玉兰、桂花、紫微、红叶石楠等品种。2000年后林木都有专人管护，村里村外树木成排，绿柳成荫。截至2017年，赵万村绿化覆盖率达到46%。

赵万村境内，合作社时期家家户户养猪、羊、兔、鸡、鸭、鹅，也有人家养牛。

农民养的畜禽主要有猪和鸡，一般人家一圈养一头猪，条件好的人家一圈养两头以上，积的肥料可种地，一般人家养鸡四五只，鸡蛋除自己吃，还可销售。20世纪80年代以前河沟自然生长鱼虾，有专业的渔民靠取鱼为生，取鱼工具一般用大网和“扳罾网”，还有用船放鸬鹚取鱼。家住在河边的会在冬天利用稻草树枝“捂罧塘”取鱼。20世纪90年代后，野生的水生物逐渐减少，市场供应鱼虾大多是人工养殖。

绿化林

鸬鹚捕鱼

农具机械

传统农具 主要以农船和一些简单的铁木农具为主，耕耙整地靠犁、耙、钉耙；挖墒理水用大锹、铲墒锹，锄草深耕用锄头、小锹、钩刀；挑水施肥用粪桶、粪舀；灌溉用脚车、风车、洋车；积肥用罱子、扒口，戽锹、灰拉、泥担；收割用镰刀、把叉、板锹、连枷、翻耙、扫帚、扁担、箩筐；脱粒用稻床、碌碡等。

解放初，一些大型农具，如耕牛、脚踏水车、风车、木船等，一般农户不具备。1954年，农业合作化后，这些大型农具作价归集体，解决农民生产上的困难。

插秧机作业

风车

灰拉铁锹

1955年上半年，兴化县奖励南甸农业合作社一台东风12匹柴油机，一机多用，装上水泵抽水灌溉，遇水灾能排涝，收割期间能脱粒，农闲上岸能机米夹面粉，这是赵万村最早的农业机械作业。随着集体经济不断发展壮大，村里逐步购置抽水机、脱粒机、拖拉机、收割机，插秧机等中大型农业机械设备，取代人工踏车灌溉、人工收割、人工插秧，既减少重体力劳动，又加快劳作速度，人为控制利用耕种季节。传统的风车、水车、碌碡、石碾、磨子等都退出了历史舞台。

农业机械　排灌机械方面，1980年后，当地使用东风50型或丰收35型大中型拖拉机，耕作播种开沟一条龙作业。2000年后，基本都使用电力水泵，主要用于农田灌溉和排涝。耕作机械方面，有东风12型手扶拖拉机，一机多用，可用于水旱田耕翻作业，配套其他机具可旋耕、破垡、播种、抽水、收割、脱粒、加工农副产品等。收割机械有1450型及“洋马”联合收割机，专门从事收割作业经营，除在本地收割外还跨区作业，按作业量收取报酬。脱粒机械方面，靠人工掼把和耕牛碾场脱粒，60年代后期开始使用工农700型脱粒机，群众称为“小老虎”。1982年后期，“小老虎”逐步淘汰，使用太湖、洋马、久保田等联合收割机不需脱粒。播种开沟机械方面，合作化时期单一使用机械设备，其后大中型拖拉机都配备多功能一体化。植保机械主要有喷洒农药的喷雾器等，2000年后，种田大户使用遥控飞机喷洒农药。

附：名士生态园

位于赵万村东南角，占地面积308.6亩，流转土地300亩，以打造特色农副产品，坚持“追求健康生活，休验绿色生态”的经营理念，是以生态开发为宗旨，

江华果蔬园

翠冠梨园

集果蔬种植采摘、养殖垂钓、餐饮休闲为一体的绿色生态园。生态园下辖江华果蔬专业合作社和名士生态园酒店两个经营实体，2017年年底，有从业人员50多人。

江华果蔬专业合作社成立于2013年12月，注册资本2000万元，主要从事果蔬的种植、销售。果品基地面积达280亩，主要品种有翠冠梨、无花果、长江金丝枣等。2017年，产值8200万元，利税460万元，土地流转上缴30万元。

附：江苏申基建设工程有限公司

始创于1966年4月，1985年8月更名为兴化县张郭建筑工程公司。1988年，称兴化市张郭建筑工程公司。1996年2

“建筑业先进企业”铭牌

月，被核定为工业与民用建筑工程施工四级资质企业。2002年改制后，更名为兴化市新基建筑安装工程有限公司，陆续增加市政公用工程施工总承包三级、地基与基础工程专业承包三级、建筑装修工程专业承包三级、机电设备安装工程专业承包三级等资质。2006年4月16日，由葛田根、华天涛共同出资4605

“AAA企业”铭牌

万元，注册为江苏申基建设工程有限公司。2010年9月20日被泰州市建筑业协会认定为AAA企业，2012年被兴化市人民政府表彰为建筑业明星企业。同年被兴化市昭阳镇表彰为纳税先进单位，2012年被张郭镇人民政府表彰为2012年度服务经济建设先进单位。

2017年，公司固定资产1680万元，总资产6285万元。有行管人员12人、技工16人，其中大专8人、中专7人。全年完成工程项目30项，产值2.6亿，利税1800万元。另设南京分公司、兴化办事处、东台办事处以及59个项目经理部。

申基公司承建的颐和家园工程现场

村民生活

村民收入

中华人民共和国成立初期至20世纪六七十年代，村民完全依靠种地生活，没有其他经济来源，到村内代销商店买盐和火柴都用鸡蛋兑换。粮食产量丰年亩产两季不超过700千克，有时年景不好，亩产两季收不到500千克。居住的是土墙草屋。土地改革农业合作化后，农民生活有所改善，但也仅仅解决温饱。

赵万村村民有农忙务农、农闲经商搞副业的习惯。改革开放后，农业机械化逐步得到推广普及，农村集镇相继实行经济体制改革，赵万村作为乡镇政府所在地，个私工商业蓬勃发展，工厂企业如雨后春笋遍地开花，大批农村多余劳动力向第二、第三产业转移，有的自主创业，办厂开商店，有的去村镇或个私企业就业，有的去外埠创业经商或务工，还有的从事临时性工作，如装卸、短途运输、家庭帮工等，不仅转移了剩余劳力，而且大大增加家庭经济收入。

至2017年，赵万村企业592户，实现社会总产值90.55亿元，集体营业性收入1112.96万元，集体纯收入658.86万元，村民人均纯收入46800元。

赵万村部分年份农民人均收入一览表

表 13

年份	人均经济收入(元)	年份	人均经济收入(元)	年份	人均经济收入(元)
1956	36	1965	30	1975	60
1962	11	1970	51	1980	109

续表

年份	人均经济收入(元)	年份	人均经济收入(元)	年份	人均经济收入(元)
1983	300	1990	1743	2005	29800
1985	495	1995	16000	2010	36500
1987	600	2000	18000	2017	46800

附：缴公粮

1978年改革开放以来，实行农村分田到户。赵万村于1983年秋开始分田到户，各农户分得的庄稼地，按田块等级估产，核定应征收的定购粮、议购粮，增产增缴议购粮。此后，赵万村改变传统农耕模式，围绕农业增收、农业增效，坚持科技兴农，大力发展机械化，调整优化品种结构，区划布局结构，大大提高了农业产量。农村市场放开，农民经济效益不断放大，党的富民政策效应充分彰显。

2000年后，农村剩余劳动力就业渠道增加，村民收入增长快速，到企业就业的工人及家庭作坊工人，男工每人每

农民缴公粮

赵万村部分年份村民口粮分配一览表

表 14　　　　　　　　　　　　　　　　　　　　　　　　　单位：公斤

年份	人均分配数	年份	人均分配数	附注
1956	119	1975	220	1.五村大概平均数； 2.自 1984 年起，合作化解散，不再实行口粮分配。
1960	110	1980	250	
1965	150	1983	300	
1970	200			

月工资3000至4000元、女工每人每月工资2500至3500元，技术工每月6000至10000元、木瓦装修工每月6000—12000元。

2001年，推行农业税费改革，实行“三取消、两调整、一改革”政策，农业税费大幅下降，农民人均税费负担逐年下降。2006年1月1日，国家彻底取消农业税，并对农民种粮实行粮食补贴，鼓励农民种田。从此，赵万村村民和全国农民一起，世代缴纳粮税成为历史。

消费支出

饮食支出　中华人民共和国成立前，贫苦村民终年奔波劳碌，难得一饱，能吃饱穿暖是最大的心愿。每当寒冬，贫苦村民往往一天两顿稀粥，一天不做一

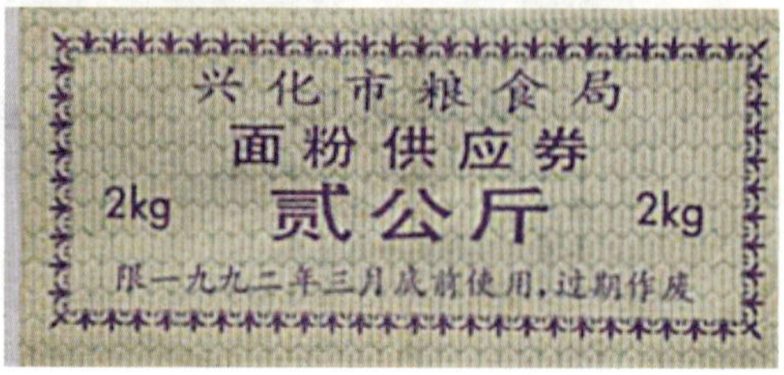

票证

2017年赵万村村民部分生活消费情况一览表

表15

区域名称	楼房别墅（间）	砖混瓦房（间）	私家车（辆）	彩电（台）	冰箱（台）	手机（部）	太阳能（架）	洗衣机（台）	电动车、摩托车（辆）	空调（台）	总户数
赵东	235	480	456	725	2354	1485	395	490	585	750	525
赵西	52	343	277	752	1165	1225	224	317	420	695	357
南甸	75	315	330	850	900	1280	370	350	350	520	390
戴垛	165	371	443	780	1200	858	386	340	400	1500	386
农科	58	76	122	158	228	420	90	120	50	246	91
合计	585	1585	1628	3265	5847	5268	1465	1617	1805	3711	1749

天不食，常常是吃了上顿愁下顿，真正是“家无隔宿粮，饿了靠住墙”。一对壮年夫妇和有手艺的农民的全部收入除维持全家吃饭，基本没有剩余，有的连吃饭都吃不饱。

计划经济时代，赵万村村民所有物资都要靠“票证”供应，衣食住行，到任何一个地方，买什么都要票证。

1964年起，国民经济开始得到恢复和发展。境域社员除了生产队集体分得的粮食和少量现金外，还能从自留地的种植中获得很少量的粮食和收入。改革开放后，农民生产积极性大大提高，社会物质财富极大丰富，一日三餐从吃不饱开始转变为讲究吃好、吃健康。2000年后，去饭店，“下馆子”成为村民常态。村民饮食支出与全年的收入比逐年递减，剩余的钱就可以用于其他消费，提高生活品质。

穿衣支出 改革开放前，村民因为收入低，穿衣破旧，且难得添新，养育孩子往往是“新老大，旧老二，缝缝补补给老三”。改革开放后，村民的收入逐步提高，破衣烂衫的日子一去不复返。除了讲究吃，在穿戴上也追求时尚，档次慢慢提升，年年翻新。不同季节，不同质料的服装往往有十几套、几十套，衣着消费的比例上升到生活消费的10%至15%。款式也日渐潮流化、国际化，村民日常衣着与城市居民几无分别。

住房支出 中华人民共和国成立前，村内很少有瓦房，以土墙草屋为多。60年代后期渐有村民翻建或新建住房，但也是因陋就简，空斗墙杂棍椽子，水泥桁条，或用毛竹做屋架，上盖平瓦。改革开放以来，随着经济快速发展，村民建房标准不断提高，砖混结构的楼房、商品住宅楼及别墅在赵万村拔地而起，村民

70年代村民照明用的灯具

基本户户住上楼房、别墅。

家具用品支出 20世纪70年代之前，村民们家中除了床、柜、桌、凳以外，就是锅碗瓢盆之类的用品，有的困难户甚至没有箱柜，有的人家用泥瓮贮粮、纸盒藏衣服。自70年代后，木材市场放开，村民日用家具逐渐增多，以手表、缝纫机、收音机、自行车为家庭“四大件”。20世纪八九十年代，电风扇、电视机、电话、冰箱、洗衣机成为家庭常用物品。进入21世纪后，空调、手机等走进普通百姓家。

交通支出 过去村民们出行以木船为主，也有的靠步行，去一趟兴化县城光坐轮船就需一天的时间，交通花费也不大，船票0.6元。1990年后，农村公路网四通八达，村村通公路。公路与铁路、航空联网，交通十分便捷，交通费用成为日常开支的一部分。有家人在外地经商、读书、就业的，与外地商务联系的交通费用也是笔不小的开支。私家车出行日益成为常态。2017年，赵万村村民私人汽车拥有量1628辆。

教育支出 解放后普及教育，村民子女人人有书读。20世纪50至70年代，学生杂费、书籍簿本费每人每学期5至10元，初中20至30元，高中50元左右。读大学一般免费。90年代后，教育费用上涨明显。2000年后，学杂费用小学每学期350元、初中750元，高中1800元，大学8000元左右。

文化娱乐支出 中华人民共和国成立前，村民们的文化娱乐生活极度贫乏。除了每年的迎神庙会，就是草台戏班演出，经费由主办者募集。中华人民共和国成立后，尤其是进入21世纪后，兴化市每季都有送戏下乡，村民可免费观看各种文娱活动演出。村民自行组织广场舞队、武术健身队，既锻炼了身体又娱乐了生活，费用支出也很少。

休闲旅游支出 改革开放以来，随着经济发展，村民生活水平提高，休闲方式也各有不同，下棋、打扑克、搓麻将、钓鱼、坐茶馆、泡澡，各有所好。

2000年后，外出旅游成为部分赵万村民的时尚休闲活动之一。很多村民自发组织国内外旅游，每次人均支出费用数千至万元以上。

人际交往支出 村民逢家中婚嫁、寿庆、建房、搬迁、升学，亲友们都要送红包庆贺；丧葬则要送吊唁、奠仪。一般50至60年代的时候每份几元，70至80年代20至50元，90年代至2000年50元至200元。2000年后上升至500至1000元。

社会保障

2000年后，赵万村创办医疗室、敬老院、老年活动中心，常年为老年人提供娱乐休闲及医疗场所，老年人可以放松心情，看报学习、聊天交流，获取知识，健康身心。2011年，按照规范化建设要求，投入460万元，建成一幢建筑面积1800平方米的4层赵万村村部及村民服务中心，2012年12月落成，5个区域实行集中办公。

赵万村便民服务大厅

老年活动中心

2011年始，赵万村村民医疗保险每人每年缴纳80至220元农民医疗保险金，并全部纳入社会养老保障体系，凡赵万村民60岁以下，参加工作的每人每年缴纳300至2000元养老保险金，60岁以上有子女老人可以每月享受165元生活费。无儿无女的纳入“五保”供养，进入敬老院吃饭全管，有专人护理，每人每月发100元零花钱。2014年10月，赵万村投资60万元，将原赵万小学改建成赵万村敬老院。

截至2017年，赵万村有95户185人享受最低生活保障；参加养老保险的人数达3511人，其中已经领取养老保险金的1545人，领取金额约343万元。平均每年每人2220元；参加医疗保险人数6324人，大病住院报销60%至80%医药费；村内重残人员也享受最低生活保障，每人每月650元，重残护理费每人每月60至80元。

村民集中收看电视

兴化市张郭中心校

教育

民国之前，赵万村就办有孔氏私塾。1938年创办小学校。中华人民共和国成立后，私塾消失。1950年至1963年的十多年时间里，开展扫盲工作，政府号召人人学文化、个个学识字，冬季班、夜校、识字班应运而生。1958年，创办农业初级中学，1970年，在农中的基础上办起赵万中学（初中、高中）。20世纪70年代初期，村小升级为乡镇中心小学，兼有全乡镇教育管理、业务示范的职责。1971年下半年起，扫盲工作重新受到重视。党的十一届三中全会后，扫盲工作再次掀起高潮。

1977年，办有幼儿班，附设于村小。招收4至6周岁的幼儿入园。1975年，赵万中学迁址新建更名为张郭中学，只招收全日制高中生，自1982年起系完全中学（含普通初中、普通高中），1987年后撤销普通高中。张郭中学相继创办过幼儿师范班、农职业高中班、电视中专财会专业班、机电专业班、美术专长班等，为地方和高一级学校培养输送了大量专业人才。

1987年，成立张郭教育管理委员会办公室（简称教管办），统一管理中小学及幼儿、成人教育工作。1988年，张郭乡成立成人教育中心校，从职高中班到业余大、中专班，从短训班到固定班，采取多种形式开展教育培训。

1996年，张郭中学迁址。1999年，张郭中心小学迁址。2004年，创办广园学校（民办），招收小学、初中、高中学生。2010年，广园学校撤销。原校址成为张郭中心校，分为小学部、初中部。学校占地面积72000平方米，校舍建筑面积35085平方米。校园绿化面积35688平方米，是江苏省绿色学校。运动场面积58386平方米，内设标准塑胶跑道、足球场、篮球场等。办公用房齐全，专用教室配置、教学仪器设备设施配备达到《江苏省中小学教育技术装备标准》I类要求，其他辅助用房数量基本满足教育教学需要。建有校园网络、教学辅助系统和教育管理系统，34个教室全部装备多媒体教学设施，各类功能教室齐全，教育技术装备达到省一类标准要求。建有学生用计算机网络教室3个，共253台计算机，配有教师用计算机140台，图书室藏书85000多册。A级食堂、公寓式宿舍以及厕所等生活设施配套齐全。

2017年年底，张郭中心校教师学历合格率为100%，小学教师具有专科及以上学历的比例达92%，初中教师具有本科及以上学历的比例达73%。师资队伍整体水平较高，有兴化市名教师2人、兴化市学科带头人2人、泰州市教学能手2人、兴化市教学能手1人、泰州市教坛新秀2人、兴化市教坛新秀1人，有中小学一级教师120人、高级教师22人。

文化体育

赵万村是镇政府所在地。镇文化站功能室齐全，有图书室、健身房、乒乓球室、电子阅览室、文化站小剧院、蒋庄遗址出土文物收藏室、书画创作室、票友民乐活动室、舞蹈排练厅、文化活动中心（张郭晨秀园）。

文化站每年组织文艺表演队、合唱团在“元旦迎新春”、年初“工业产品展销会”、“三八”妇女节、清明节、武协成立周年庆、全民健身日、重阳节、国庆节、“赵万、朱家、葛尤庙会”等节日开展文体比赛、节目展演、民俗表演及推广健身类活动达十多场次，参加演出、比赛人数超过1500人，观看人数超过15000人次。全年放映电影300多场次，惠民券点单送戏进村26场次。张郭镇体育总会吸纳会员400多名，有村级文体表演队等队伍36支。

医疗卫生

1952年，赵万村医疗卫生服务属于戴南联合诊所。1956年，成立赵万联合诊所（下设张纪分所），有人员5名，在原赵万村中心租房屋5间，老中医孔祥宽、谢子新等在赵万诊所工作，有门诊，药房，无床位。防保工作负责人为侯达斋，继任沈德山。1958年，成立张郭卫生院，性质为大集体，有工作人员15人，增租民房7间，合计12间，有床位3张。设有内科、外科、中西药房、收费处、治疗室、化验室。负责人为谢子仙。60年代成为公社卫生院下属诊所。

1970年，迁址在赵万村东南新建张郭卫生院，占地面积2853.3平方米，建筑面积1435.3平方米，业务用房891.2平方米。2006年12月张郭卫生院迁址到原张郭中心校。张郭卫生院占地面积11300平方米，建筑面积5800平方米，业务用房约4000平方米。现有人员39人，其中高级职称7人、主治医师10人、助理级21人、后勤1人。有床位30张。

1969年，推行合作医疗制度，各大队都创办卫生室。当时赵东、赵西、南甸、戴垛4个卫生室有医务人员10人，与此同时，开始分配“赤脚医生”，充实各卫生室。80年代合作医疗停办，乡村医生纷纷开办个体诊所，90年代，村卫生室重

张郭镇赵万村卫生室

村卫生室

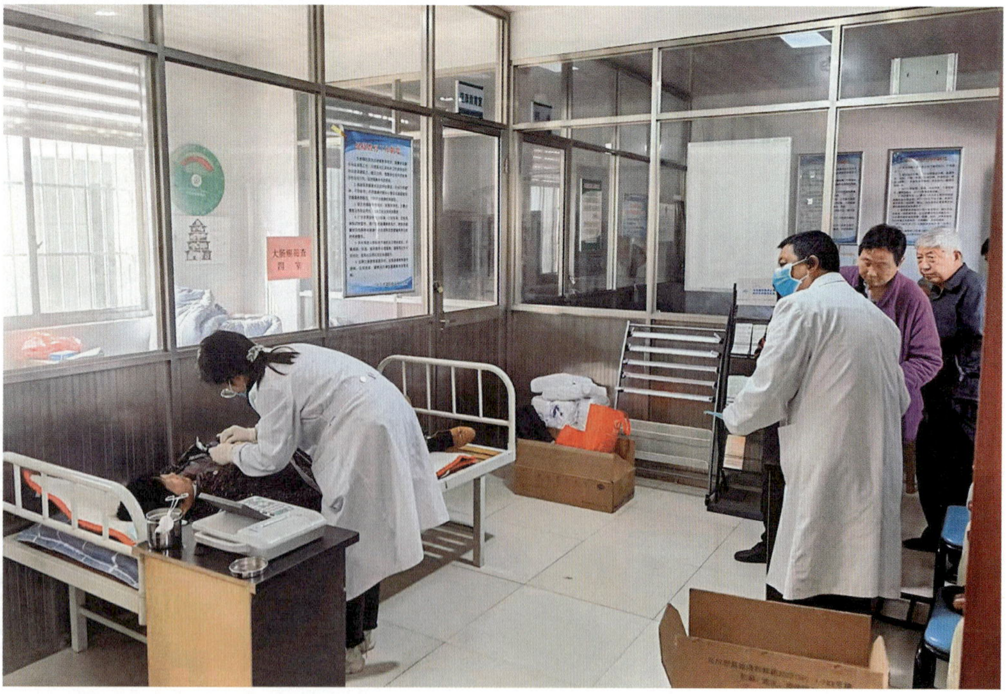

医疗救护

组，上级医疗机构非常重视，对医务人员考核评级，并颁发医疗机构执业许可证，卫生院每年对乡村医生进行业务培训。2000年至2001年，泰州卫生局对全体乡村医生脱产培训。2002年至2004年，兴化市卫生局统筹资金，对乡村医生组织业务学习，进行全面业务考核，对卫生室验收发证。赵万村卫生室原设在村部大楼一楼，设施配备基本齐全。2015年，赵万村投资13万元，在原赵万村小学内新修建功能齐全、八位一体的赵万村乡村卫生室。有医务人员5人，具备乡村医生执业资格。除正常门诊外，会同镇卫生院每年对60岁以上的老人体检2次。村民有全市统筹的城乡居民医疗保险，患大病需要到大医院治疗的一般报销60%以上。

村级组织

民国时期，赵万村隶属东台县第六区时堰镇。中华人民共和国成立后，成立扬州地区行政公署，泰东河以西全部划归兴化县，隶属扬州市。兴化县东南片成立戴南区，先后有罗蒋乡、赵北乡、戴徐乡、张郭乡、东方红人民公社。从赵万村到赵万大队为单位期间，都设有党支部、支部书记、村主任、会计。1958年，成立兴化县戴南区张郭人民公社，赵东大队、赵西大队、戴垛大队、南甸大队等均属张郭人民公社管辖。

2001年，按照上级工作部署，张郭镇原赵东村、赵西村、南甸村、戴垛村、农科村5个村合并为张郭镇赵万村，成立

宣誓

村级党委，下辖4个基层党支部，共有党员163人，31个村民小组。赵万村第一任党总支书记刘祥宏（兼）、村主任蒋汉平（兼）、会计赵玉澄（代）。下辖4个党支部：第一党支部书记赵益华，第二党支部书记赵信林，第三党支部书记叶庆斌，第四党支部书记戴伯明。

2002年9月，村党总支书记赵益华、村委会主任戴伯明。第一党支部书记赵益华（兼），第二党支部书记赵信林，第三党支部书记叶庆斌，第四党支部书记戴伯明（兼）。

2003年3月，村党总支书记、村委会主任戴伯明，副书记赵信林、赵东红，村会计赵云。第一党支部书记赵东红，第二党支部书记赵信林，第三党支部书记叶庆斌，第四党支部书记戴伯明（兼）。

2007年，成立村级党委。村党委书记戴伯明，村委会主任赵信林，党委副书记赵东红、叶庆斌，村会计赵云，村副主任赵庆生、黄响林。第一党支部书记赵东红（兼），第二党支部书记赵信林，第三党支部书记叶庆斌，第四党支部书记戴伯明（兼）。

2010年至2017年，赵万村党委书记戴伯明，村委会主任赵东红，村党委副书记赵东红、叶庆斌（2013年调出）、汤日升，村副主任赵庆生、黄响林，村会计赵云。第一党支部书记赵东红（兼），第二党支部书记赵京涛，第三党支部书记汤日升，第四党支部书记戴伯明（兼）。

2017年，戴伯明被江苏省委授予江苏省农村基层党建工作突出贡献奖。

赵万村村干部任职分工情况一览表（2017年）

表16

姓名	职务	工作分工
戴伯明	村党委书记、四支部书记	全面工作，党建、队伍建设、考核、工业经济、招商，关心下一代
赵东红	村党委副书记、村委会主任、一支部书记	村委会全面工作，安全生产，新农村建设，经济上缴，招商
汤日升	村党委副书记、三支部书记	负责第三支部工作
赵　云	结报员	财务结报，经济上缴，两项往来回收
赵京涛	村党委委员、二支部书记	生态文明委员，村庄环境，水环境整治，绿化工作，兼负责赵西区域工作
黄响林	村委会副主任	公路管理，社会保险扩面，殡葬改革，兼负责农科区域工作
赵庆生	村委会副主任	环境保护委员，计划生育，信访维稳，农业生产，治安调解，村建
徐玉山	村委会委员	负责南甸区域工作，协助经济上缴，协调工业园区工作

续表

姓名	职务	工作分工
赵观鹏	村党委委员	协助村党委工作，协助安全生产，环境保护，食品药品监督，信访
戴红云	村委会委员	社保工作，统计，协助计划生育
周　娟	村委会委员	妇联，卫生防疫，计划生育
郃国文	村委会委员	征兵工作，协助赵西区域工作
周军平	协助财务结报	两项往来结算明细
翟春华	协助财务结报	两工核报，协助财务结报
李　阳	团支部书记	共青团，档案材料，远程教育

第二篇　乡村建设

赵万村地处张郭镇镇政府所在地。中华人民共和国成立前，赵万村村民居住的均为土墙草屋，街巷狭窄弯曲，无水、电、照明等设施。中华人民共和国成立后，党和政府重视乡村基础设施建设，但因乡村经济基础薄弱，建设速度不快。改革开放后，随着工业企业的不断发展，乡村经济的振兴，赵万村小城镇建设日新月异。尤其是2000年后，工业园、商业街、住宅楼、别墅区、学校、医院、宾馆，公园陆续兴建，一座座高楼拔地而起。截至2017年，赵万村道路宽阔，绿树成荫，公共设施齐全。村民居住条件不断改善，一个新型的水乡小城镇已然形成。

基础设施

赵万村一隅

中华人民共和国成立初期，村内主巷道路面铺小砖，小巷道及庄外道路泥泞起伏。村庄内河南河北、河东河西有砖桥、木桥供行人通过，出村下地只能靠木船，交通十分不便。村内砖砌下水道排水不畅，没有路灯照明，露天厕所、垃圾堆到处都是，村民常年饮用河水。

改革开放后，随着经济发展，村集体经济不断积累，赵万村加大对基础设施建设的投资力度，村民生活环境持续得到改善。2006年，赵万村主要街道逐步安装路灯。2011年至2017年，赵万村陆续投入资金约2500万元，对村道路、桥梁、路灯、公厕、广场等各种公用设施进行改造建设，小城镇建设初具规模。

村“两委”领导筹划赵万村发展

赵万村公用设施一览表（截至 2017 年）

表 17

名称	数量	面积	估值	计算值
房屋	18 处	3794.08 平方米	5691120 元	1500 元/平方米
公厕	18 处	190.77 平方米	190770 元	1000 元 / 平方米
广场	7 处	5745.64 平方米	515407.6 元	90 元 / 平方米
停车场	2 处	1681.89 平方米	219994.4 元	120 元 / 平方米
桥梁	31 座	1172.1 平方米	1758150 元	500 至 2000 元 / 平方米
巷道	206 条	52374.8 平方米	5237480 元	100 元 / 平方米
六角亭	3 座	50 平方米	135000 元	45000 元 / 座
标志石	4 块	40 平方米	350000 元	50000 至 100000 元 / 块
驳岸	4618 米	6927 平方米	4848900 元	700 至 1200 元 / 平方米
路灯	342 盏		54720 元	160 元/盏

说明：此数据来自2017年12月31日赵万村固定资产清查登记数据

道路

1997年，赵万村西侧实施道路拓宽改造工程，拆除民房16座，将原3米宽巷道拓宽至14米，路段全面浇筑为水泥硬质路面，当年竣工交付使用。实施人民路道路改造工程，路段全面浇筑为水泥硬质路面，南北全长3000米、宽18米，当年竣工交付使用。实施朝阳路道路改造工程，路段全面浇筑为水泥硬质路面，东西全长1250米、宽24米，当年竣工交付使用。

1998年，实施同济路道路改造工程，路段全面浇筑为水泥硬质路面，南北全长3000米、宽24米，当年竣工交付使用。

1999年，实施千年路道路改造工程，路段全面浇筑为水泥硬质路面，东西全长1250米、宽24米，当年竣工交付使用。

2000年，实施文昌路道路改造工程，路段全面浇筑为水泥硬质路面，东西全长1250米、宽24米，当年竣工交付使用。实施朝阳路道路改造工程，原先的水泥硬质路面全面改造为柏油路面，当年竣工交付使用。实施康泰路道路改造工程，路段全面浇筑为水泥硬质路面，南北全长1000米、宽14米，当年竣工交付使用。实施春晖路道路改造工程，路段全面浇筑为水泥硬质路面，南北全长1250米、宽14米，当年竣工交付使用。

2004年，填平赵万庄“西泊”河，打通赵万路向西与恒丰路贯通。是年，文昌路道路改造向东延伸至刘蒋路，延伸后总长2500米，当年竣工交付使用。

2007年，实施恒丰路道路改造工程，路段全面浇筑为水泥硬质路面，南北全长3800米、宽24米，当年竣工交付使用。

2012年，实施赵东巷道改造工程，总投资32.7万元。实施建陵路道路改造工程，路段全面浇筑为水泥硬质路面，北起北港河，南至名士生态园，南北全长2800米、宽24米，当年竣工交付使用。

四横 赵万路 东西长1250米、宽14米。东段始建于1993年，西段拓宽于1997年。

朝阳路 东西长1250米、宽24米，始建于1997年。

千年路 东西长1250米、宽24米，始建于1999年。

文昌路 东西长1250米、宽24米，始建于2000年。2004年向东延伸至刘蒋路，延伸后总长2500米。

六纵 人民路 南北长3000米、宽18米，始建于1997年。

康泰路 南北长1000米、宽14米，始建于2000年。

春晖路 南北长1250米、宽14米，

村庄公路

赵万村大道

始建于2000年。

同济路 南北长3000米、宽24米，始建于1998年。

恒丰路 南北长3800米、宽24米，始建于2007年。

建陵路 北起北港河南至名士生态园，南北全长2800米、宽24米，始建于2012年。

人行道 幸福河整治工程两侧驳岸各铺一条人行道，南北长4000米，始建于2014年。

南汤河工程驳岸人行道始建于2018年，投资5000万，在南汤河改造工程省泰东河项目中，在南汤河两侧驳岸各铺一条人行道。西至幸福河，东至泰东河，全长5000米。

桥梁

赵万村境域处于河网密布地区，历史上多靠小船出行，极为不便。1977年，农科村内投资8万元，建农科桥，为3孔，桥面有护栏，长28米、宽2.5米。1985年，赵万村村民章德进捐资1万余元，建设建安桥。2000年后，随着经济发展和人民需求的提高，桥梁建设速度加快，先后投入700万元，建设南甸庄前桥、南甸庄西桥、赵西幸福河桥、戴垛幸福河南桥、戴垛幸福河北桥等。2014年7月，南甸区域投资97000元，新建一座生产桥。

截至2017年，赵万村境内有各类桥梁31座。

桥梁

赵万村主要桥梁一览表（2017年）

表18

桥名	桥梁性质	桥型简讯	建成时间（年）	长（米）	宽（米）	高（米）	造价（万元）
南甸庄前桥	村庄桥	5孔，桥面有护栏	2007	35	5.5	3.5	60
南甸庄西桥	村庄桥	5孔，桥面有护栏	2016	40	9	3.5	90
南甸庄东桥	村庄桥	3孔，桥面有护栏	2017	15	4	3.2	15
戴垛耐火厂桥	村庄桥	3孔，桥面有护栏	2010	15	3.5	3.5	20
戴垛庙东桥	村庄桥	3孔，桥面有护栏	2011	30	3	3	25
戴垛庄中桥	村庄桥	3孔，桥面有护栏	2011	30	3	3	25
戴垛庄北桥	村庄桥	3孔，桥面有护栏	2016	25	3.5	3.5	25
赵西小河北桥	村庄桥	3孔，桥面有护栏	2017	35	4	3.5	30
赵西幸福河桥	村庄桥	5孔，桥面有护栏	2016	40	7	5	90
赵西赵万路桥	村庄桥	单孔	2008	8	9	3	20
赵东老村部东桥	村庄桥	单孔	2008	8	9	3	20
农科桥	村庄桥	3孔，桥面有护栏	1977	28	2.5	4	8
生产河桥（19座）	机耕桥	单孔	2000至2017	15	3.5	3	95
戴垛幸福河南桥	村庄桥	5孔，桥面有护栏	2016	40	7	5	90
戴垛幸福河北桥	村庄桥	5孔，桥面有护栏	2016	40	7	5	90

邮电通信

中华人民共和国成立前，赵万交通闭塞，邮电通信不畅，寄送平信要到时堰、戴南。1958年，在赵氏祠堂对面租用的民房内设立张郭邮政所，主要传送信函，代订报纸。之后，每村配备一部电话机和一名通讯员，电话通畅，人工送信也存在。一般一封平信国内寄送要十多天，甚至几十天，寄送包裹还要更长时间。发电报要到戴南或时堰。

20世纪50年代，成立张郭邮电所，初始为一台10门的总机，有8部单线电话，能解决当时政府机关和附近几个村通话。20世纪60年代，总机扩展到30门，26部手摇式电话，各村配有电话通信员，能随时传达上级指示和各项通知。20世纪80年代，发展到90门磁式电话总机，后来改为120门供电式总机，线路由原来单线改为双线，通话质量大大提高，全国长途电话接通率大大提高。20世纪70—80年代，由于工业经济不断发展壮大，电报的业务量迅速增加，同期开办邮政快递业务。各种邮件、报刊发行、邮政储蓄大幅上升。

1992年年末，赵万村数字程序控制电话开通，实现全部光缆、电缆化。同期建成兴化农村第二家数字移动塔，彻底取消人工电话总机，终结打电话难的局面。随着传真机的普及，电报业务逐步被取消。传真机对当时各企业业务发展起到了很大推动作用，邮储逐步联网。

2000年，赵万村电话入户率达70%。随着科技不断发展，普遍使用无线通信手机。截至2017年，固定电话逐步淘汰，赵万村手机拥有量为5268部，普及率达95%以上，移动、电信业务收入500万元。

截至2017年，在赵万村境域内营业的快递公司有中国邮政、申通、中通、圆通、顺丰、捷达、韵达、宅急送8家。邮政总收入280万，其中金融190万元、邮政业务80万元、快递10万元。

广播电视

从20世纪50年代起，邮电、广播合并，广播、电话一条线，早、中、晚广播闸刀控制。1958年下半年，张郭公社各大队食堂统一安装广播，播放广播新闻和歌曲，传达上级指示。20世纪80年代，邮电与广播分开，广播站有1间发电配电间、1间仓库和办公室，3位工作人员。1995年创建广电站，1996年推广有线电视入户180户。1997年11月，张郭镇有线电视实现村村通；当年赵万村有线电视在全市率先实现户户通。2017年，赵万村有线电视入户率达99%。

供电

民国初年始有“洋油”（煤油）传入，店铺及少数富裕人家以煤油玻璃罩灯照明。20世纪70年代，农村普遍使用煤油，夜晚点煤油罩灯，走夜路手提煤油马灯。当时处于计划经济，每月每户凭煤油票到商店打油。每逢晚上唱戏时，

村庄路灯

村庄路灯整修

舞台上挂汽油灯（使用煤油）照明。80年代初，国家电网开始运营，村民开始用电照明。因供电量不足，只有夜晚供电照明，且供电不正常，当时民间流行“火油照打，电费照把（给）”“你睡觉，他电到”的说法。20世纪90年代起，供电趋于基本正常，电的用途也越来越广。2006年起，赵万村主要街道逐步安装路灯。截至2017年，赵万村有配电变压器38台，总容量15200千伏安，线路总长10.6千米，低压用户1678户，全年售电总量21万千瓦时。

供水

20世纪70年代前，境内河水清澈可饮，农户家中常置水缸，装满水后加明矾沉淀饮用，后添加漂白粉消毒。1991年，张郭乡政府创办自来水厂，位置在赵东村东南方向，张郭人民开始使用自来水。2000年，水厂改制，从镇办集体经营转为个体经营，规模进一步扩大，厂址迁到蒋庄村东边的泰东河边，自来水生产量由原来的日产200吨提升到8000吨。供水形式从原来的老式水表计吨位，改为智能水表计吨位，水价从原来的每吨

1.8元提高到每吨3元。2017年，投资3万元，启动农科区域96户村民自来水改造维修升级工程。

截至2017年，赵万村自来水入户率达100%，年用水量96000吨。

供气

过去赵万村村民做饭烧水都用稻麦草，有时用烧稳子、挖树根、挖稻麦桩、烧牛屎饼、捡拾零碎草料来补充燃料，少部分人家有煤炭供应，可以烧炭炉。改革开放后，镇区新建液化气站，液化气使用率逐步提高，多数农户开始使用煤气灶。2012年，实施供气工程。截至2017年，赵万村有8个小区386户居民使用管道燃气，减少环境污染，提升村居环境。

水利

中华人民共和国成立前，赵万是水乡洼地，连年涝灾不断。20世纪50年代后，当地不断兴修水利，基本结束十年九涝的历史。1976年，村西新开幸福河。2004年，将赵西至戴垛区域弯沟河改造取直，取名恒丰河，全长2200米，与赵万路、朝阳路、千年路、文昌路、人民路、春晖路、康泰路相平行或垂直，既贯通水利，又构成具有枕河而居、小桥流水、滨河绿化的水乡特色的人居环境。

截至2017年，村庄外围所有河道皆有底宽11米、顶宽4.5米、高3.5米的大圩，圩河之间皆建闸站。全村有联圩6800米、闸15座、抗洪排涝站5处，排涝动力375千瓦；标准良田890亩；硬质路面及水渠长4200米；电灌站5座，动力37.5千瓦。做到能排能灌，可防百年一遇的洪涝。随着泰东河整治工程的推进，2017年起，实施南汤河全面整治工程。建成公路桥1座，曲桥、拱桥、景观桥6座。两岸驳岸，建有人行道、栏杆，滨河全面绿化、美化、亮化。建立河长制，全面落实长效管理机制。

住房建设

建设规划

中华人民共和国成立前，街巷唯有赵万庄上13条明清年代小青砖铺成的笔直巷道。

1999年3月，为促进张郭镇的城镇建设和城市化进程的推进，上海同济大学城市规划设计研究院受张郭镇人民政府委托，承担张郭镇镇区赵万村区域总体规划的编制工作。同济大学规划工作组到现场勘查和调研，对城镇发展的现状全面了解，并发放问卷和走访各相关单位。经过深入的分析研究，提交3种规划方案。在吸取各方反馈意见的基础上，

别墅区

村民别墅区

对方案特别是各专项规划进行必要的调整和完善，完成规划的最终成果第三稿。赵万村区域之后的村镇建设都按此规划方案实施。

2001年，赵万村对村庄建设进行统一规划，对全村农民宅基地新建房屋地基高程统一规定为3.15米，楼房层高3.3米，占地面积154平方米。

住房类型与面积变化

中华人民共和国成立前，赵万村村民居住多为低矮草屋，土坯砌墙或泥土夹板墙，毛竹或树干作桁条，竹尾椽子，上盖麦秸、稻草、茅草。房屋进深4米左右，一般为五架梁。也有条件好些的里墼外砖，屋内多为泥土地，砖铺地面的很少，因而室内阴暗潮湿。

中华人民共和国成立初期，赵万村民住的基本都是低矮的土坯茅草房，俗称“丁头府”。丁头府又叫顶头府，因为屋子的结构形状像一个“人”字形“丁”在那里；由于屋子的高度只有一个成人高，进门容易碰到头，个子高的汉子还要弯着腰、低着头迈进屋子。丁头府屋低矮，屋檐下不好开门，通常是南北朝向，直筒形，门朝南开。这种屋子为草土、毛竹结构即土坯做的墙，茅草或麦草盖的顶，六七根竹子架的桁条，几十根竹尾椽子、芦柴拼夹的笆门，也有树木板钉成的门。这种房屋在50年代较为普遍，它的优点是冬暖夏凉。

土坯墙

丁头府

砖瓦房

赵万村别墅区一角

70年代中后期，随着经济发展，村民居住条件有所改善，部分村民住上砖瓦房。改革开放后，村民的生活水平得到改善。20世纪80年代后，赵万村流行二、三层楼房，红砖砌墙、墙面贴瓷砖，钢筋混凝土浇筑地基，水泥柱子承重、琉璃瓦屋面，堂屋客厅用水磨石成地砖。门窗为铝合金或不锈钢材质，大门有不锈钢门或铜质门等。房间客厅、卧室、厨房、沐浴卫生间及家用电器等一应俱全。

2000年后，随着村民收入的不断攀升，居住条件也不断提高。多数人家新建别墅，装修高档，生活配套设置不断完善。2015年，赵万村农科安置楼开工建设，安置群众90户，进一步改善村民住房条件。

截至2017年，赵万村村民住房类型有老式四合院、别墅、商住楼、门面房等，面积一般100至350平方米不等，不少村民在兴化市区或外地购置房产。

农民住宅一角

环境卫生

1998年后，赵万村加大环境整治力度，关闭污染严重的企业。规划创建环境优美村，生态村、文明村。针对村庄环境、河道、道路等全面排查，定期整治到位。经过多年努力，持续整改，村庄环境有了很大改善。

2007年4月，赵万村结合村庄环境整治，对村内贯穿前泊与西泊、后泊相连的几近干涸、肮脏恶臭的前夹沟进行疏浚，实施驳岸绿化、亮化、美化，修建憩

村庄环境

环境管理公示牌

园4处、健身场所4处、公厕4座。2008年2月，前夹沟改造工程完成。

2009年至2017年，赵万村对生活污水、雨水的排泄问题进行考察规划，自然村庄所有道路，全面硬质化。雨水、生活污水排泄的排水管网，做到“雨停地干无积水，生活污水不见天”，形成居住人口全覆盖。

改水改厕

2015年，赵万村实施卫生改厕工程，按照全村所有家庭都用上水冲式厕所的要求，对全村进行排查摸底，统一废除庭院及户外露天粪坑、灰堆塘、散养猪圈。100余家企业也都新建水冲式公厕及化粪池。村建公厕、企业公厕均落实专人管理，签订保洁责任书，奖罚分明，确保墙壁地面干净，做到池无积粪、尿液、尿碱，无臭气、无蝇虫等，定期消毒灭蛆。同时动员3家小规模养殖户转行，拆除禽舍猪栏，使村民居住卫生环境有很大的改观。2016年，赵万村道路两旁房屋全部刷白，整个村庄洁白明亮。2017年，赵万村卫生改厕工程全面完成。

便民公厕

河道治理

2005年至2007年，村内填平赵万庄西泊河，打通赵万路向西与恒丰路贯通，增加可建筑面积10000多平方米。同时开通庄中间一条夹河，加固两座旧桥梁，新建一座通往水产村方向的桥梁，河的东西头各有一座景观曲桥，桥中间建有凉亭，配有白玉石栏杆。

2010年后，赵万村依靠集体力量，开挖拓宽生产河，整修圩堤，做到干旱好灌，洪涝好排水，逐步建成旱涝保收的高产农田，确保农业产量逐年上升。河道保洁工作，实行保洁人员"公开招标，专人承包"，签订承包合同。承包人负责常年打捞水面上各种废弃物、水生漂浮植物（水葫芦、水花生、四叶萍等），清除倾倒在河边、岸坡上的垃圾、杂物，运送

1976年幸福河工程现场

幸福河

村庄河道

村庄河道

到指定地点，统一处理。2017年年初，落实河长制，村主任担任村级河道的河长，镇河长办定期抽查，做到管理到位，河道保洁工作更见成效。

2011年至2017年，赵万村全村5个区域为优化治理环境，浚深和疏通河道。其中赵东区域7条河，总长3400米；赵西区域3条河，总长450米；戴垛区域9条河，总长7000米；南甸区域6条河，总长3800米；农科区域3条河，总长1350米。

截至2017年，赵万共浚深疏通河道28条，总长16000米。2017年，投资15.7万元，实施南甸、农科区域文昌路北侧顾家沟改造工程，工程内容为清淤和整修驳岸。

打捞水草

水环境整治

附：相关河道改造治理

幸福河：南至泰东河，北至陶庄镇，全长16.9千米，流经赵万村3千米。1977年1月上旬至3月中旬，张郭和戴南2个公社组织民工开挖南段4.25千米，工段从张郭欧家到戴南祁雁庄的鸭蛋河处，河口宽为30米、底宽8米，河底增高为-1.5米，使河道水流畅通，交通更加便利。并从2005年开始幸福河驳坡工程，确保幸福河水流通畅河堤坚固耐用，造福于民。

2001年，江苏省水利厅决定整治泰东河，幸福河被列为泰东河形象工程批准立项。2014年，市水务部门组织机械疏浚幸福河与泰东河接口的1.3千米河段，并改建张郭至戴南的跨河公路大桥，使该河的引排和水陆交通作用得到充分发挥。

南汤河：位于镇区赵万庄南首，东西走向，东至泰东河出口，西至幸福河，全长5.2千米。此河是赵万村的经济动脉水运交通枢纽，历来有“母亲河”之称，几百年来赵万村人在此河岸边繁衍生息，命脉所依，是交通运输泄洪排涝的主要河道。2016年纳入省水利厅泰东河幸福河的整治工程内容。

南汤河整治主要是从幸福河至建陵桥段面，工程内容主要是清淤和清理两岸“违建”障碍，然后两岸驳坡，安装护栏，建设修建人行道、绿化带，把南汤河打造成集生态环保抗旱排涝旅游观光一体的工程。这期工程的河道总长为2600米。二期还有2600米至泰东河。工程内

南汤河

容包括5座跨河大桥，其中公路桥2座，排洪闸站桥1座，拆除2座桩板结构的老式南北交通桥。

2017年11月至12月，镇村成立南汤河工程施工领导小组，利用电视、广播、告示等广泛宣传。12月底工程开始实施，镇村党员干部和各有关部门分工分线，包干负责，统一规划，全力以赴，逐步实施。

村庄绿化

村委会重视绿化覆盖率投入。做到田边、路边、家前屋后树木成林、花草成片，并且责任到人，分片包干，管理到位，定期督查，确保所栽树木成活无损。2013年，赵西、戴垛园区投资9万元，实施绿化工程，至2017年，村庄绿化覆盖率达到46%。

垃圾处理

2000年前，赵万村各户自行处理垃圾。2000年后，农户生活垃圾、工业垃圾不断增加。张郭镇及赵万村成立环卫站，由专职环卫工人负责处理垃圾，各个路口。巷道口都砌有垃圾池或者设置垃圾桶，定期清理拖运。2016年，淘汰垃圾池，全部改用垃圾箱，实施垃圾分类，可回收垃圾、有害垃圾、其他垃圾，分类投放，分类处理。全村有垃圾站1个，各个主次干道口有垃圾箱33个。环卫工将

村庄一角

垃圾分类收集装置

各类垃圾收集运送到镇垃圾站，进行压缩包装再送上级中转站统一处理。

污水处理

2017年，村内各个企业自查自纠，所有酸洗厂拆除酸洗池实行集中或委托加工酸洗，对所有酸洗废水实行酸碱中和、沉淀过滤和深度处理，实现“中水”循环利用，实行“零排放”。经过整治，赵万村河水水质得到相应改善。

污水泵站

烟尘处理

2016年起，赵万村所有企业实行煤改电，拆除烟囱，车间有烟尘的安装吸附装置，或烟尘进行水过滤。至2017年，赵万村对烟尘全部完成清理并停止排放。

赵万村2011年至2017年工程建设一览表

表19

时间			工程名称	金额(元)
年度	月	日		
2011	2	25	园区路沟槽	29565
2012	12	20	赵东巷道	327124.64
2013	2	25	赵西围广场	16324
			赵东围墙	13182
	8	28	赵西新农村建设	30374.88
	11	8	农科生产桥	42600
			赵西、戴垛绿化	89056
	12	20	新村部	2653458
			南旬巷道	106543
2014	2	18	赵东工程	154334
	7	30	南旬生产桥	97149
	10	20	敬老院	600000
			赵西桥栏杆	16610
			南旬五保户房屋维修	15450
	12	30	健身广场	133656
2015	3	5	公厕	49386
	12	26	恒丰路水口	43885
			老小学工程	114511
2016	3	10	南旬通村公路	37490
	6	6	赵西北广场绿化	32500
	9	3	戴垛公路	27000
			南旬机耕路	20906.09
2017	10	27	农科自来水改造	30465
	12	24	南旬生态林工程	157642

附：景区公园

晨秀园位于赵万村区中心地段，是一座集文化韵味、水乡特色、园林景点、休闲娱乐于一体的综合性公园。

由全国七大甲级园林设计院之一的苏州园林设计院精心设计。总投资800多万元，占地面积5.2公顷。其中绿化、水体分别占40%和52.4%。

该园将传统园林风格与当地地貌特征有机结合，叠石为山、掘土成池，栽花植草，设亭建阁，曲径通幽，凸现出江

晨秀园

晨秀园俯瞰

南传统园林的主体印象。营造出一个宁静、优美的自然环境。

整个公园分为东部、中部、西部三大景区，每个景区包容多个景点，各具特色，互相融为一体。晨煦堂、晨莺馆、晨星阁、晨渌轩、画舫烟柳、绿沼、荷香、太瑚石峰、九曲桥等交相辉映，所有楹联和匾额均为名家撰书，充分显现出浓厚的水乡文化底蕴。2016年，被评为国家AA级旅游景点。

双乐生态园 2014年，双乐公司投资1200多万元，建设双乐生态公园，总面积150多亩。主体设计构思是以农业生态为主题，集观光旅游为一体，在生态公园的南边是江华、申源果蔬生态园，西边是报本寺，泰东河、南汤河在其周边环绕。

晨秀园连廊

晨秀园河景

第三篇　特色产业

20世纪60年代后期，赵万村村办工业开始萌芽。改革开放后，赵万村依托地缘优势和人才资源优势，大力发展村办企业和民营企业。村民最初为建筑站、农具厂、窑厂做工或手工编织，从事船舶运输等副业，到后来从事金属拉丝、生产磨具生产，再到发展化工颜料、药品包装、金属提炼、建筑施工、电缆生产等具有较大规模和技术含量的产业崛起。赵万村成为全国闻名的气阀钢、电热器材、电线电缆、商用厨具、医药包装制品的生产集散地。截至2017年年底，赵万村有5个工业园区，企业592家，企业职工人数8611人。年产值60.4亿元，销售额57.33亿元，创利税5.64亿元。

外埠经商

20世纪60年代后期，赵万村出现一批为社队（乡镇、村、校）办厂（企业）采购原料、经销产品的购销人员（采购员）。改革开放后，这些人在上海、北京、广州、宁波等地租赁国营商店的柜组经销家乡或当地产品，陆续从中获益，并形成滚雪球效应，外出经商成为村民的自觉行动。2017年，赵万村有上千人在全国各大中小城市经商、办企业，苏南、广东等经济发达地区到处都活跃着赵万村商人的身影。上海的北京东路被称为“张郭赵万一条街”，北京的小红门市场，天津的新五金城、不锈钢市场，广州的大德路，苏州的东中市、虎丘机电城、华夏机电城等地都聚集了大批赵万经商能人。在外经商的赵万人还在各地创办了许多优秀的企业，如上海新乾科技有限公司、南京飞月商用厨具有限公司、昆山名利达不锈钢有限公司、上海勤源线缆有限公司、上海及泰州日顺电器发

做砖烧窑

20世纪60至80年代，村民编织蒲席

蒲包

展有限公司、长沙湖南乾康科技有限公司、上海升申特种线缆有限公司、天津希耐尔不锈钢有限公司等。

赵万本地产业发展

20世纪60至70年代，赵东村创办磨具厂、服装厂、印刷厂、农修厂、农具厂。赵西村先后创办油毡厂、包装容器厂、云母厂、化工厂。1975年，南甸村从外地引进拉丝机械，创办拉丝厂（后发展为兴化电器二厂，又称东厂），在此基础上又创办兴化县通用电材厂（后发展为春海电热电器有限公司，又称西厂）。1976年，戴垛村创办耐火材料厂，农科村创办兴化县五金电器厂。这些村办小企业培养了

张郭科技园区（赵万境内）

一批管理、供销、技术人才，奠定“电热之乡”的工业基础。改革开放后，个私企业突飞猛进，赵万村先后创办上百家企业。1995年，镇办企业改制，赵万村增加不少企业。

2000年后，张郭镇、赵万村实行招商引资，申隆锌业有限公司、朝阳线缆有限公司、银锡高温线缆有限公司、宏伟锂业有限公司、鹏申线缆有限公司、飞月厨具有限公司、东风电器有限公司、环能硅碳棒有限公司、楚天厨具有限公司、岑峰线缆有限公司、佳华电热有限公司、凯悦桥架有限公司、天龙门业有限公司、佳霆管业有限公司、康鑫厨具有限公司、鑫嘉拉管有限公司等优秀企业纷纷落户赵万村，2002年至2003年，建设赵万工业园区，筑巢引凤，进驻企业近百家。

至2017年，赵万村有各类个私企业592家，其中有高新技术企业21家，有全国著名商标4家、省闻名商标11家，规上企业89家。年产值60.4亿元，销售额57.33亿元。创利税5.64亿元，企业职工人数8611人。成为全国著名的气阀钢、电热器材、电线电缆、商用厨具、医药包装制品的生产集散地。

2017年，赵万村实现工农业总产值90.55亿元，集体营业性收入1112.96万元，集体纯收入658.86万元，村民人均纯收入46800元。先后被表彰为泰州市工业经济先进村、泰州市经济工作十强村、江苏省发展乡镇企业工作先进乡村。

2017年赵万村私营企业情况一览表

表20

企业名称	所在区域	成立时间	法人代表	主营产品	职工人数（人）	年产值（万元）	利税（万元）
江苏双乐颜料有限公司	赵东	1980	杨汉洲	铬黄、钛青蓝等化工颜料	880	97000	8500
江苏申源特钢合金有限公司	赵东	2002	宫友军	内燃机气阀钢棒、300系列不锈钢、不锈钢焊丝等	1600	246000	18000
飞月厨具有限公司	赵东	1994	戴文忠	各种厨具系列产品	30	650	64
江苏金扬子集团有限公司	赵东	1998	赵京东	医用输液袋用聚丙烯组合盖及接口系列产品	62	22000	5000
江苏天龙门业有限公司	赵东	2002	赵启荣	加工豪华装甲铜门、窗、扶手，不锈钢、原木门，木衣柜、家具等	32	3680	1200
兴化市新达电热配件厂	赵东	2016	赵观新	加工不锈钢配件、电热配件等	8	650	81
江苏银锡高温线缆有限公司	赵东	1994	章正伟	各种电线电缆	22	3500	32
兴化市楚天厨具厂	赵东	2004	韩春涛	各种厨具用品	12	830	103
兴化市博亿电热电器厂	赵东	2007	郭兰英	各种电热管	7	460	57
兴化市明阳电热电器厂	赵东	2008	赵　明	加热管	6	380	47
兴化市定杰机械配件厂	赵东	2007	华定杰	法兰	2	110	13
兴化市黄联不锈钢制品厂	赵东	2018	韩　华	不锈钢带	5	300	45
泰州市华热电气有限公司	赵东	2014	徐亚明	各种电热管翅片式加热管等	7	410	51
泰州市明阳得高温线缆有限公司	赵东	2010	赵桂云	各种高温线缆	8	470	58

续表

企业名称	所在区域	成立时间	法人代表	主营产品	职工人数（人）	年产值（万元）	利税（万元）
兴化市向东电热电器厂	赵东	2002	于向东	各种加热管	13	570	71
兴化市大华仪表厂	赵东	2005	姚红运	各种数字显示仪表、温湿度控制仪等	10	420	52
兴化市启平机械加工厂	赵东	2007	赵启平	加工法兰	4	190	23
泰州市鑫柏龙仪器仪表有限公司	赵东	2014	赵　斌	各种加热管	6	375	46
泰州市简耐电器有限公司	赵东	2016	徐　俊	各种热电偶	7	430	53
泰州市岑峰线缆科技有限公司	赵东	2009	徐秀云	各种焊管	8	870	108
泰州市博力电器有限公司	赵东	2004	赵京勇	硅橡胶绝缘护套电线电缆、氟塑料绝缘护套线缆等	13	760	95
泰州市华雨电热电器有限公司	赵东	2009	赵桂华	各种电加热管、加热棒	10	425	53
兴化市科创耐热钢制品厂	赵东	2008	徐桂祥	各种耐热、耐腐蚀系列、电炉配套产品	12	730	91
兴化市云峰电热电器厂	赵东	1999	华云峰	各种电热管、电加热器、翅片管、加热棒等	15	750	95
兴化市观年工业电炉厂	赵东	2004	赵观年	箱式炉、台车炉、井式炉烘箱、煅烧炉等	6	270	33
兴化市金利电热电器厂	赵东	2004	李马玲	空调、烤箱、热水器等配套电加热管	11	480	60
兴化市观进云母厂	赵东	2004	赵观进	云母制品	4	380	47
泰州市易斯特电热仪表有限公司	赵东	2017	赵观东	各种仪器、仪表	2	270	33
泰州市祥荣电线电缆有限公司	赵东	2005	杨平晓	高温电线电缆	6	430	53
兴化市振兴电热电器厂	赵东	2002	徐正全	各种电热管	8	430	53

续表

企业名称	所在区域	成立时间	法人代表	主营产品	职工人数（人）	年产值（万元）	利税（万元）
泰州市泰普金属套管有限公司	赵东	2007	徐晓彪	各种金属软管	5	410	51
兴化市科达电热材料厂	赵东	2004	武国圣	各种电阻线、加热带	8	530	66
泰州市天旺拉丝制品有限公司	赵东	2001	李丙进	各种模具	4	270	33
兴化市鑫阳电热电器厂	赵东	2005	华　云	各种电热管	5	330	41
兴化市润东不锈钢制品厂	赵东	2005	戴文东	各种不锈钢冲压件	3	190	23
兴化市中明电炉厂	赵东	2005	薛崇明	各种工业电炉	5	380	47
兴化市三鑫高温电线厂	赵东	2007	赵观德	各种高温线	2	160	20
兴化市顺森金属制品厂	赵东	2004	徐开龙	各种系列波纹管	10	730	91
兴化市华虹桥架厂	赵东	2004	孙华	主要生产各种规格电缆桥架	5	470	58
兴化市兴宇硅橡胶制品厂	赵东	2006	高萍凤	各种硅橡胶制品	8	320	40
泰州市仁浩管业有限公司	赵东	2017	徐仁武	不锈钢波纹管、补偿器、扣压四氟管、空调管各种管件	5	260	27
兴化市宏翔波纹管厂	赵东	2004	韩正存	专业生产各种不锈钢波纹网套、防爆金属软管及套件	6	320	40
兴化市富润星不锈钢制品厂	赵东	2012	赵京星	标准件、法兰等	4	270	33
江苏博生医用新材料股份有限公司	赵西	2001	张吕义	药用丁基胶瓶塞、聚戊异二烯垫片、多层共挤医用输液膜	161	25000	6000
江苏申隆锌业有限公司	赵西	1996	戴　鹏	超细锌粉、氧化锌、409磷酸锌、硬脂酸锌、709钼酸锌、乙撑双硬脂酸酰胺等	65	22000	4500
江苏宏利达锂业有限公司	赵西	2005	王　洪	金属锂片、电解金属锰	28	8000	2500

续表

企业名称	所在区域	成立时间	法人代表	主营产品	职工人数（人）	年产值（万元）	利税（万元）
江苏朝阳高温线缆有限公司	赵西	2003	胡明兰	镀锡铜丝、裸铜丝、高温线电缆、补偿导线、测温线	36	3000	500
江苏鹏申高温线缆有限公司	赵西	2008	徐文龙	自控、限温电热带、伴热带、地暖线、电热膜等	46	6000	1500
泰州东进包装材料有限公司	赵西	2003	赵　进	纸箱、纸板容器制品	12	600	120
江苏德泰工程塑料有限公司	赵西	2007	王振华	塑料零件及其他塑料制品	34	3000	1050
泰州云志不锈钢制品有限公司	赵西	2011	葛成云	金属制品、接头等	26	1200	180
兴化市祥峰高温电热合金制品厂	赵西	2006	赵　峰	不锈钢输送带制造、不锈钢网套制造	6	1400	150
泰州峰极物流有限公司	赵西	2016	赵信党	货物运输、仓储等	7	4000	900
泰州长联不锈钢有限公司	赵西	2004	吉红旗	角钢、扁钢、槽钢、直条、盘元等不锈钢制品	22	2400	450
兴化市嘉利不锈钢制品厂	赵西	2005	张玉东	不锈钢装潢管	32	3600	900
江苏汇能不锈钢制品有限公司	赵西	2004	朱　军	不锈钢宽幅钢带、盘圆、冷墩丝、氢退丝、钢管、方管、角钢、扁钢、异型材、装潢管等耐磨耐热铸件	45	6500	1700
泰州龙瑞金属制品有限公司	赵西	2006	刘国华	焊丝、气阀钢制品	64	1.2亿	2500
泰州市兆浦金属制品有限公司	赵西	2023	朱义庆	不锈钢系列产品	14	1200	400
兴化市帅阳不锈钢制品有限公司	赵西	2015	夏红祥	不锈钢门窗、金属玻纹管	12	800	200
兴化市晨昊电热电器厂	赵西	2007	沈德胜	各种电热管	15	1000	200

企业名称	所在区域	成立时间	法人代表	主营产品	职工人数（人）	年产值（万元）	利税（万元）
泰州市佳华电热元件有限公司	赵西	2004	邹佳华	高温电阻电热制造加工	28	8500	2000
泰州市羽丰管业有限公司	赵西	2013	孙羽丰	不锈钢波纹管销售制造	3	60	12
江苏新星金属材料有限公司	赵西	2012	高新宇	铜丝生产加工	30	9000	1000
兴化市戴南镇环宇门业经营部	赵西	2005	王桂华	电动伸缩门、卷帘门、车库门等	10	600	120
兴化市乔龙电热电器厂	赵西	2002	赵京乔	电热管、各种电热产品	3	60	10
泰州市鑫财电热电器厂	赵西	2007	赵京才	各种电热管生产销售	9	720	120
泰州市沛锐金属制品有限公司	赵西	2001	潘浏洪	不锈钢制品加工	8	400	80
上海申颛线缆有限公司（兴化分公司）	戴垛	2013	戴呈民	各种电热带、发热电缆、补偿导线、蜡克线、陶瓷加热器、电热带附件等	38	3500	650
兴化市远红外元件厂	戴垛	1982	戴呈彪	各类远红外硅板、硅管及加热元件、炉膛、耐火杂件	26	13000	1200
泰州市凯悦电器成套设备厂	戴垛	2008	曹冬进	各种电缆桥架	15	450	90
江苏迈奇重工矿山机械有限公司	戴垛	2020	章红平	矿山机械	60	5000	800
江苏宏诚船舶制造有限公司	戴垛	2006	朱红桂	特种钢材	20	10000	1500
兴化市祥胜电热电器厂	戴垛	2007	戴祥圣	各种电热管	16	800	80
兴化市申鹏电热电器厂	戴垛	2012	仇友鹏	各种电热管	26	800	95
兴化市博峰工业炉有限公司	戴垛	1998	戴日太	加工电热管	16	400	75
兴化市润诘电热有限公司	戴垛	1996	王连荣	各种电热带	18	800	95

续表

企业名称	所在区域	成立时间	法人代表	主营产品	职工人数（人）	年产值（万元）	利税（万元）
兴化市伟鑫电热设备厂	戴垛	2012	孔祥文	电热线	4	250	60
兴化市亚峰节能电热电器厂	戴垛	2008	戴文峰	系列加热管、不锈钢管、铜管、高温管、四氟管、钛管	16	465	70
兴化市梅园电热陶器厂	戴垛	1996	王万青	自吸管	7	260	40
兴化市银鑫电热电器铸造厂	戴垛	2004	朱　进	电热管	18	360	50
兴化市振伟电热材料厂	戴垛	2006	戴松峰	硅橡胶	4	210	30
兴化市天方电热厨具厂	戴垛	2007	戴天方	各种电热管	17	460	70
兴化市天成仪表厂	戴垛	2015	顾进军	磁翻板液位计、压力变送器等	10	210	30
兴化市盾格特种树脂材料厂	戴垛	2002	戴正乾	各种涂料	6	400	60
兴化市楚水电热电器有限公司	戴垛	1992	戴日美	电热管	36	650	95
江苏诚化化工产品有限公司	戴垛	2012	赵益军	化工颜料	20	3560	534
兴化市思源玻璃制品有限公司	戴垛	2014	赵　华	茶杯	17	410	60
泰州市斯泰尔电热电器有限公司	戴垛	2007	何爱琴	电热带	31	3100	460
泰州市宏伟锂业有限公司	戴垛	2002	戴日桃	金属锂	36	15000	1300
上海市名智家具有限公司	戴垛	2016	潘戴凤	家具	50	5000	700
上海市升申特种电线电缆有限公司	戴垛	2008	戴文亚	高温电线、电缆、补偿导线、云母带、高温四氟玻纤布	16	8500	1200
兴化市申浩电伴热带制造有限公司	戴垛	2008	戴冬冬	各种电伴热带、管道加热带、地暖电热带	22	1000	150

企业名称	所在区域	成立时间	法人代表	主营产品	职工人数（人）	年产值（万元）	利税（万元）
江苏润志金属制品有限公司	戴垛	2008	李星志	钢丝绳	18	3000	450
兴化市鑫嘉拉管厂	戴垛	2009	戴文柏	不锈钢管制造	16	3000	1100
江苏名扬电器仪表有限公司	戴垛	2015	朱乃继	高温线、热电偶	12	600	90
兴化市申亚电热带造有限公司	南訇	2012	戴文峰	电热带	7	1500	225
泰州市双龙电热电器有限公司	南訇	1995	王龙宝	各种金属管状电热元件；单头电热管等系列产品	40	1200	180
兴化市振勇波纹管厂	南訇	2008	陈红兰	专业生产不锈钢波纹管、塑料软管、各种塑料接头、拖链	5	160	22
兴化市郝华电热电器厂	南訇	2005	叶林山	各种单头电热管	3	80	7.5
泰州市银丰不锈钢精密铸造有限公司	南訇	2008	汤　荣	各种钛管	4	340	34
泰州市昊仪路凯机械装备制造公司	南訇	2001	汤　澎	输送带编织	6	450	40
兴化市龙城电热仪表厂	南訇	1996	叶成龙	各种电热管	23	580	52
兴化市荣鑫电热电器厂	南訇	1996	徐玉荣	电热管	20	665	90
兴化市玉林冲压厂	南訇	2000	徐玉林	单端底部、冲压等	1	40	5
兴化市鹏浩金属材料厂	南訇	1996	徐莉莉	各种电炉丝	8	235	30
兴化市正太电器仪表厂	南訇	2015	吴平凤	各种仪表	6	320	34
兴化市宝宁电热材料厂	南訇	2002	汤恒宝	电阻丝	3	120	15
兴化市天和电热材料厂	南訇	1998	叶世健	高电阻精密合金，不锈钢网带、电热辐射管、扁带等	15	1150	172

续表

企业名称	所在区域	成立时间	法人代表	主营产品	职工人数（人）	年产值（万元）	利税（万元）
兴化市海通石英电器厂	南甸	2007	汤广海	远红外乳白、透明石英加热管，定向辐射加热器及异型石英管	8	460	40
泰州市康泰尔电热制品有限公司	南甸	2009	汤日岭	电阻丝加工	2	330	38
兴化市赵宏电热丝加工厂	南甸	2008	赵　宏	电阻丝加工	3	150	16
泰州市恒泰不锈钢管业有限公司	南甸	2015	汤蒙蒙	不锈钢管	16	1850	270
江苏慧兰不锈钢制品有限公司	南甸	2008	徐国宽	不锈钢材料冶炼	12	960	130
泰州市精鼎电热电器有限公司	南甸	1996	汤日华	家用电器、电热产品和控制设备	15	560	70
泰州市安峰合金材料有限公司	南甸	1995	吴莉莉	各种耐热、耐磨、耐腐蚀不锈钢产品	4	236	26
泰州市志鹏成套设备有限公司	南甸	1996	周成国	各种桥架	10	830	120
泰州市艾立森仪器仪表有限公司	南甸	2017	胡万荣	各种仪器仪表	5	580	79
泰州市凯迪思汽车配件有限公司	南甸	2005	陈海龙	电热丝加工	3	380	50
泰州市泰峰冷暖涣热设备有限公司	南甸	2017	王玉山	防爆加热管、干燥机加热管及配套法兰、冷热交换器	5	570	81
泰州市升泰管业有限公司	南甸	2008	范中海	各种不锈钢无缝管、厚、薄壁管、定尺管等	4	430	60
兴化市沪泰电器设备厂	南甸	2005	曹新瑞	各种焊管	7	780	115
江苏金日管业有限公司	南甸	2008	章和弟	各种不锈钢管	8	890	125

续表

企业名称	所在区域	成立时间	法人代表	主营产品	职工人数（人）	年产值（万元）	利税（万元）
泰州市骏辉电热器材有限公司	南甸	2018	叶世俊	碳纤维电热管、真空钨丝电热管、电热线、电热圈、电热	7	1500	200
				鼓风烘箱、藕节加热器、各种灯管	4	420	58
兴化市建辉电热电器厂	南甸	2017	叶百辉	电热管	3	250	27
兴化市东龙电阻材料厂	南甸	2008	汤日东	各种电阻丝	9	1100	160
泰州市中源电热器材有限公司	南甸	2010	华兰凤	电热管	10	620	98
江苏荣明不锈钢有限公司	南甸	1992	金凤明	不锈钢丝（线）、焊丝、圆棒、角钢、扁钢、钢丝绳、链条等	5	850	124
江苏奥星机械铸造有限公司	南甸	2008	赵　轩	不锈钢材料冶炼	20	1850	275
江苏革方电子商务有限公司	南甸	2018	舒长明	聚四氟乙烯用压缩或挤出加工成型，或水分液浸渍或制成纤维	7	650	95
泰州市祥泰电热电器有限公司	南甸	2012	赵春祥	专业生产国标、非标电热管	13	520	73
兴化市一良金属软管厂	南甸	2012	何　静	各种软管及各种软管配件	8	490	70
泰州市久龙电热电器有限公司	南甸	2012	钱立红	电热管、单端	5	320	48
兴化市健行电热电器厂	南甸	2012	汤生平	电热管、单端	6	360	54
泰州市宏达管业有限公司	南甸	2012	李得洪	各种不锈钢电热管、钛管、碳钢管等	5	495	74

续表

企业名称	所在区域	成立时间	法人代表	主营产品	职工人数（人）	年产值（万元）	利税（万元）
泰州市腾宇电热电器有限公司	南甸	2012	陈爱云	各种单端	12	520	75
兴化市星际石英制品厂	南甸	2006	叶　云	石英管	8	750	118
兴化市月丰电炉配件厂	南甸	2006	叶　涛	辐射管	3	460	62
泰州市亚鼎电热电器有限公司	南甸	2017	汤秋娟	各种电热电器系列产品	7	350	53
泰州市朝阳工业炉制造有限公司	南甸	2001	曹　扬	工业炉系列产品	3	180	28
江苏环能碳陶瓷有限公司	南甸	2001	叶明华	各种高性能碳化硅电热元件（硅碳棒）及碳化硅陶瓷	13	3500	1600
江苏环亚电热仪表有限公司	南甸	1986	叶百发	工业自动化仪器仪表、电热电器研发、生产、销售	23	1150	185
泰州市诚化工业电炉厂	南甸	2018	赵　盛	工业炉、烘箱、空气加热器、各类大型烘房等	3	230	27
泰州市山峰仪表有限公司	南甸	2006	刘　峰	各种仪表、控制系列设备、变送器等	4	180	26
泰州市金成不锈钢厨具设备有限公司	南甸	2006	张爱国	各种厨具产品	3	170	25
泰州市杭叶电气有限公司	南甸	2006	叶晓冬	各种桥架	6	320	48
泰州市鑫中泰电热电器有限公司	南甸	2013	高　萍	各种单端	10	480	69
泰州市丽源电热电器有限公司	南甸	2010	于永海	各种配套加热管	3	175	25
泰州市金虎电热电器有限公司	南甸	2013	戴红扣	各式电炉、烘箱等	3	100	14

续表

企业名称	所在区域	成立时间	法人代表	主营产品	职工人数（人）	年产值（万元）	利税（万元）
兴化市富康厨房设备厂	南甸	2013	孔凡平	各种厨具用品	3	240	32
兴化市泓润电热电器厂	南甸	2013	叶百兵	各种单端	15	470	64
兴化市睿鑫电热电器厂	南甸	2013	周亚芳	各式电热管	4	250	37
泰州市博大电热电器设备配件厂	南甸	2013	姜柯柯	热电偶配件	3	185	26
兴化市冬兴波纹管厂	南甸	2013	何庆冬	各种不锈钢波纹管及网套	3	240	32
泰州市亿达电缆有限公司	南甸	2006	周国林	各种耐高温铁氟龙电线、新能源电缆等特种线缆	6	350	52
兴化市苏格电热电器厂	南甸	2010	黄　振	各种单端	7	380	50
兴化市精创电热仪表厂	南甸	2017	曹步军	加热电偶、不锈钢管	5	320	48
泰州市露尔泰电热电器有限公司	南甸	2015	赵　露	各种电热管、模具加热棒、电热带、温控表、补偿导线、高温线、桥架等	8	350	51
江苏银雪电气设备有限公司	南甸	2015	祝小进	厨具、冰箱	8	850	110
泰州市长盈金属制品有限公司	南甸	2008	赵玉华	加工阀杆、气动阀杆、机械光轴等产品	12	760	100
泰州市宏发电子有限公司	南甸	2011	李国宏	各种高温线	5	370	50
泰州市顺泰电热材料有限公司	南甸	2014	徐成朋	电阻丝加工	3	200	29
泰州市森阳特种线缆有限公司	南甸	2017	赵巧凤	各种特种电线电缆、补偿导线等	4	220	33
兴化市铭诚电热电器厂	南甸	2019	赵小龙	电热丝加工	4	240	34
泰州市康鑫厨具有限公司	南甸	2005	章正芳	各种厨具	10	660	100

续表

企业名称	所在区域	成立时间	法人代表	主营产品	职工人数（人）	年产值（万元）	利税（万元）
泰州市蓝光塑胶科技有限公司	南甸	2017	徐佰明	工程塑料制品加工	3	256	39
兴化市尤科期机械设备厂	南甸	2017	章爱红	机械设备制造	4	240	36
泰州市华敏电器成套设备有限公司	南甸	2017	华冬扣	电缆桥架	5	270	38
兴化市荣慧机电设备配件厂	南甸	2017	徐克坚	电缆桥架	4	230	35
兴化市宏扬电缆桥架厂	南甸	2017	邓丽红	电缆桥架	4	200	32
泰州市迈风金属科技有限公司	南甸	2018	祝巧连	紧固件加工	2	130	20
泰州市纯仕金属制品有限公司	南甸	2018	红　英	金属紧固件加工	2	100	17
江苏申文金属材料有限公司	南甸	2018	顾飞帆	无气铜丝、仪器仪表加工	2	140	21
泰州市鑫诚电热电器有限公司	南甸	2018	周正兵	电热偶系列	2	70	10.5
泰州市泛鑫金属材料有限公司	南甸	2018	纪忠和	铜丝加工	3	120	18
兴化市华宇金属制品厂	南甸	2015	华金宝	机械配件加工	3	90	13.5
泰州市硕志不锈钢制品有限公司	南甸	2018	姜　卫	电热配件	2	100	15
泰州市泰晟不锈钢剃品有限公司	南甸	2018	陈志祥	不锈钢异型丝生产	2	80	12
兴化市斯力特摩擦材料厂	南甸	2018	赵　明	船用刹车带	2	70	11
兴化市宏远机械设备配件厂	南甸	2018	陈玉林	机械设备加工	3	150	23
泰州市宇丰炉业有限公司	南甸	2018	赵春青	轧辊堆焊	4	160	24
泰州市冰雪尔制冷设备有限公司	南甸	2018	王冬华	制冷设备生产	5	120	19
泰州市祥诚电器成套设备有限公司	南甸	2018	黄小强	桥架	4	236	35

企业名称	所在区域	成立时间	法人代表	主营产品	职工人数（人）	年产值（万元）	利税（万元）
泰州市松酷热工仪表有限公司	南甸	2018	周国平	仪表	4	140	22
泰州市汇帮仪表有限公司	南甸	2018	章林华	各种仪表	3	120	18
兴化市双奇电热电器厂	南甸	2018	陈进春	电阻丝加工	3	150	24
泰州市东创金属制品有限公司	南甸	2018	叶世东	不锈钢链条	4	236	35
上海鼎缆电线电缆有限公司	南甸	2018	纪茂春	各种高温线缆	6	320	48
泰州市霍宇仪表厂	南甸	2018	祁立云	各种仪表	3	80	12
泰州市佳华金属线有限公司	南甸	2006	邹佳华	各种铜线	3	240	36
江苏唯特精密机械有限公司	南甸	2006	李星立	紧密光亮毛细管（焊接小管）	4	330	50
江苏润宇高温线缆有限公司	南甸	2015	戴金昆	各种高温线	4	120	20
兴化市东风电器厂	农科	2002	戴信松	加工各种耐火器材	20	3200	480
江苏汇铭电气科技有限公司	南甸	2017	赵小祥	电气设备	3	75	11.2
兴化市华枫电热电器制造有限公司	南甸	1997	叶锦峰	电热管生产专用设备和电热管高端配件产品	45	4000	1600

赵万村集市

重要企业选介

江苏双乐颜料股份有限公司

前身是1980年在原赵西大队的化工小作坊基础上创办的兴化县化工五厂。近40年的探索与发展，共开发36个系列128个产品，获13项发明专利授权，1项技术列入国家火炬计划，5个产品获江苏省高新技术产品称号，成为具有国际影响力的品牌。该公司是生产酞菁蓝、铬黄系列颜料的专业厂家，系中国染料工业协会、中国涂料工业协会副会长单位。“双乐”商标被认定为中国驰名商标，“双乐”牌颜料获江苏名牌产品称号。公司被认定为高新技术企业，并在全国

江苏双乐颜料股份有限公司

江苏双乐颜料股份有限公司

同行业率先通过ISO9001、ISO14001、OHSAS18001质量、环境和职业健康安全管理体系的认证。多次获得中国石油和化学工业先进集体、全国石油和化工行业节能减排先进单位、江苏省质量奖、江苏省两化融合示范企业、江苏省创新能力示范企业、江苏省信用管理示范企业、江苏省五一劳动奖状、江苏省安全生产诚信企业、长三角地区绿色企业、泰州市市长质量奖、泰州市文明单位标兵、泰州市绿色等级企业、泰州市学习型组织示范单位、泰州市安全文化建设示范企业等荣誉。

公司在江苏兴化、泰兴建有生产基地。2017年拥有固定资产6亿元，占地面积16万平方米，员工714人，其中工程技术人员186名。总产能达到每年43000吨，产品远销日本及欧美各国，覆盖40多个国家和地区。

江苏金扬子包装科技有限公司

创建于1991年7月。公司初期主要从事医用输液玻璃瓶瓶塞的生产和销售，有员工6人，大车间，3台硫化机、1台炼胶机，原材料为国产天然胶，年产值35万元。1997年4月，为了尽快适应市场量与质的需求，稳定需方生产配套，租用赵万村9亩耕地建筑新厂，将原厂区搬迁，并采用滚动发展策略，将每年所获利润拿出40%用于技术改造，聘请国内知名医用高级橡塑制品专家，组织从事产品

江苏双乐颜料股份有限公司

江苏金扬子包装科技有限公司

的技术开发及检验团队，使产品质量更上一层楼。通过不懈的奋斗，到2002年，企业从家庭小作坊成为初具规模的私营企业，员工增加到68人，生产设备增加到16台，年产值上升到600多万元，产品质量在国内大输液瓶塞行业中遥遥领先。

2002年，企业更名为江苏金扬子药用包装材料有限公司，企业注册资本480万元。淘汰原有的医用瓶装胶塞，全新投产医药输液袋用聚丙烯组合盖及接口。品种增加到6个，年产值跃增到3000多万元，固定资产由原来的100多万元增加到1000多万元，步入规范化、标准化的发展轨道。2005年，企业注册资本增加到860万元，员工增加到100多人，企业搬迁到刘东工业区，厂区占地面积从原来的6000多平方米扩大到40000多平方米。

2010年5月，企业更名为江苏金扬子包装科技有限公司，注册资本增加到1680万元。同时，投入7000多万元用于新产品研发和设备技术改造，年产值由原来的3000多万元上升到1亿元，固定资产增加到7000多万元。

江苏金扬子包装科技有限公司

2016年公司“JYZ”图形商标被认定为江苏省著名商标。截至

江苏金扬子包装科技有限公司车间

江苏金扬子包装科技有限公司车间

2017年，公司168名在职员工中，大专以上文化的有72人，从事新技术、新产品研发的科技人员有24人。公司占地面积60000多平方米，拥有固定资产1.4亿元，年产值1.8亿元，产品品种增加到20多个，是国家定点的药包材生产企业、江苏省高新技术企业。公司主导产品——医用输液袋用聚丙烯组合盖及接口系列产品在国内市场占有12%的份额，产品结构造型及各项工艺性能指标均优于国内同类产品。先后被认定为江苏省（金扬子）医用包装新材料工程技术研究中心、江苏省企业研究生工作站、泰州市企业技术中心等。企业共获得国家专利局授权的实用新型专利40个、发明专利2个。

江苏申隆锌业有限公司

江苏申隆锌业有限公司

位于赵西工业园区。创办于2004年年初，注册资金5000万元人民币，占地面积46亩，主要从事锌粉和氧化锌、磷酸锌、硼酸锌制造、加工、销售。公司以“诚信、务实、勤俭、和谐”为企业文化，通过ISO9001：2015质量管理体系、ISO14001：2015环境管理以及ISO18001：2007职业健康体系认证。生

江苏申隆锌业有限公司

江苏申隆锌业有限公司车间

产的产品在行业的市场占有率为15%左右，75%的产品销售客户群是外企和国企，产品出口到韩国、印尼、印度、马来西亚、泰国等。公司响应市委、市政府转型升级的号召，增加新产品研发投入和环境整治新技术的投入，对锌盐产品生产线进行技术改造，以天然气作为燃料，大幅减少废气排放，节能环保和安全性能得到提升。公司加大科技投入，组建检测和研发机构，新建120平方米研发大楼，先后购置手提式蒸汽灭菌器、立式高压蒸汽灭菌锅、电导率仪、激光尘埃粒子计数器、浮游菌采样器、风量仪、电热恒温水浴锅、数显恒温水浴锅、生化培养箱、霉菌培养箱、程控箱式电炉、电热恒温鼓风干燥箱等几十套先进的检测设备，提升企业自主研发能力，加快成果转化和产业化进程。2012年，和南京工业大学合作开发医药级氧化锌，于2017年取得药用氧化锌的生产许可证。2017年经泰州市科技局批准，成立泰州市医用级锌制品工程技术中心。公司现拥有发明专利1项和实用型专利28项，为新产品开发奠定基础。

2017年，公司固定资产5200万元，年产值3.28亿元，利税1450万元。职工86人，拥有锌粉生产炉8台、磷酸锌和氧化锌多条生产线，年产锌粉5000吨、氧化锌3000吨、磷酸锌3000吨。是江苏省民营科技企业、江苏省高新技术企业、泰州市安全文化建设示范企业、安全生产标准化二级企业、江苏省企业信用管理贯标企业、宁波市涂料与涂装行业优秀供货单位。

江苏天龙门业有限公司

江苏天龙门业有限公司

江苏天龙门业有限公司

位于赵东工业园区，创建于2002年6月，是华东地区最早从事不锈钢门业、木制门业的厂商之一。公司注册资金1580万元。占地面积15000多平方米，拥有独立的标准化厂房4幢。设有不锈钢门、铜门、实木门、铸铝门等专业车间。另开发实木家具定制生产线一条，采用环保型自动化喷涂和自动化烘烤等系列先进设

天龙公司生产的实木家具

备进行生产。

公司为江苏省家具行业协会整木家居专业委员会和木门专业委员会第二届会长单位。多次被评为中国著名品牌、江苏省整木家居行业优秀企业、泰州市知名商标，连续6年获泰州市工商行政管理局守合同重信用企业称号。公司倡导务实、诚信、超越的企业文化理念。组建专业设计团队，3支安装团队、20多人的营销团队为100多家经销商开发省内外装饰市场，布局长三角县市级的经销点。

上海申颛线缆有限公司

位于戴垛工业园区，是苏中地区集电伴热带、发热电缆、补偿导线、高温电

上海申颛线缆有限公司

线电缆的研发、制造、销售为一体的科技型企业。电伴热系列产品主要应用于家庭供暖、保温防冻、加热。补偿导线电缆和高温电线电缆主要应用于仪器仪表、石油化工、军工机械等行业。

2017年年底，公司固定资产3800万元，年销售3500万元，利税30多万。职工28人，平均月工资3000元以上。

申颛公司生产车间

上海申颛线缆有限公司

江苏京生管业有限公司

成立于1988年，注册资本9218万元，是专业生产用于保护电线电缆的包塑软管、不锈钢包塑软管、塑料波纹管、可挠型金属电线保护套管、KBG/JDG电线管及其金属接头等配件的龙头企业。

公司整套工序设备齐全，实行抛丸、冷轧、软化退火、热镀锌、裁剪分条、卷管和包塑一条龙生产。厂房面积10万平方米，拥有220多名员工，其中25%是技术研发工程师和企业管理人员。“京生”品牌被认定为江苏省著名商标。

江苏鹏申高温线缆有限公司

成立于1998年，公司注册资金5180万元，厂房建筑面积1.8万平方米，公司从事特种电线电缆、氟塑料高温电缆、硅橡胶电缆、耐火高温电缆、新能源辐照交联电缆、补偿导线、发热电缆、自控温伴热带、太阳能专用电热带、恒功率电热带、MI加热电缆、碳纤维发热电缆、地暖用发热电缆、电地席等产品的研发、生产与销售。公司拥有雄厚的技术力量和高效的运营管理团队，公司的自控温电热带生产流水线采用三层共挤双绝缘

江苏京生管业有限公司

江苏鹏申高温线缆有限公司车间

的国家高新技术。产品主要应用于石油、电力、钢铁、化工、冷冻、消防、管道保温、户外融雪、太阳能、建筑采暖、电地暖、烘房、土壤加热、天沟融雪、海上石油等，远销美国、英国、德国、意大利、加拿大、马来西亚、丹麦等国。

2017年，公司有专业技术人员20人，具有中级以上技术职称的员工12人。拥有自主品牌，有28项自主知识产权、8项国家发明专利，获得多项科技奖、高新技术产品认证、国家地暖行业荣誉证书，是国家生产许可证认可企业。公司严格按照ISO9001：2008质量管理体系认证，所有产品均采用国际标准设计、制造，全部通过国际防爆鉴定中心防爆认证，国家CCC、CQC认证，美国UI认证，欧盟CE认证，瑞士ROHS环保认证，德国VDE认证，并获得太平洋保险公司对产品质量的承保。

兴化市华枫电热电器制造有限公司

创办于1997年6月，是一家专注电热管生产专用设备和电热管高端配件产品研究、开发、生产及销售的专业型企业，生产基地位于兴化市张郭镇，产品销售全国各地，出口到中亚及日本、韩国、印度、朝鲜等国家。

公司自成立以来，始终坚持以人为本、诚信立业的经营原则，荟萃业界精英，将国外先进的信息技术、管理方法及企业经验与国内企业的具体实际相结合，提高企业管理水平和生产本领，使企业在激烈的市场变革中始终保持竞争力，实现快速、稳定地发展。

公司人才结构合理，拥有多名电热管生产设备的专家，具有典型的技术解决能力，为中国电热管行业领超发达国家做出重大贡献。企业紧密跟踪电热管尖端方面的技术和行业发展特点，不断优化产品的性能，令用户得到最优质的服务和最好的投资回报。

泰州市宏伟锂业有限公司

坐落于戴垛工业园区，是集科、工、贸于一体的高新技术企业，专业从事催化剂专用金属锂、电池专用金属锂、高纯金属锂、电池专用碳酸锂、氯化锂、氟化锂等锂系列产品的生产、开发。采用国内外先进的生产设备，有多名从事多年锂化工研究的专家，专业指导生产、开发，产品广泛应用于电池、石油化工、制药、稀土冶炼等领域。

公司起步于20世纪80年代创办的电热管厂。20世纪初，新征土地16.83亩，投资近1000万元，新建近万平方米的生产用房和办公用房，购置新的生产设备，新上电热新材料项目，生产金属锂。很快打通该产品在苏南、上海、广东的销路，同时开辟对外出口业务。

2017年，公司年销售总额2亿元，其中出口贸易占40%，实现利税5000多万元，上缴国家税收450万元。

泰州市宏伟锂业有限公司

兴化市远红外元件厂

由原来村办耐火厂改制的民营企业。初期，耐火厂只有十多名妇女靠手工敲敲打打，生产单一的耐火砖及其配件，年销售额不足20万元，由于管理不善，基本上没有利润。

1996年，耐火厂开始改制，面向社会招聘能人，由戴呈彪接手独资经营。戴呈彪，高中文化，回乡知识青年。毕业后曾在祖国大西北、新疆等地经销远红外元件多年，精通产品生产的一系列技术流程，熟悉市场行情。接手企业后，他起用能人，重视技术人才，很快使企业扭亏为盈。不久，在戴垛工业园区西北段征用一块8亩多的建设用地，投资5000万元，新建近6000平方米的生产用房和办公用房，还购置整套新设备，生产电热新材料。新产品投产运行后，走南闯北开展市场调研，扩大销售渠道。企业规模翻番，产品销往全国各地。企业职工由原来的十几名增加到60多人，其中技术人员16人，年发放工资260多万元。

江苏斯泰尔电热电器有限公司

坐落在戴垛工业园区西北处，由戴文全创办的一家专业生产电伴热带的企业。

早在1995年之前，戴文全就和妻子何爱琴（企业法人代表）到北京经营电热产品。他们经过几年打拼、实践，掌握北方电热产品行情和电热产品生产流程中一系列技术难点，回乡创办企业，生产

江苏斯泰尔伴热带生产基地

电伴热带。

2003年，由于土地流转等原因，村里还没有开辟大的园区。戴文全在张郭建筑站内租了一间简易厂房当作车间，开始生产电伴热带，由于规模的限制，生产发展同样受限。2006年，在戴垛工业园区落实近5亩地，新建2000多平方米的生产厂房，购置5000多万生产设备，招收当地农民工和熟练技术工20多人。2017年，公司年销售额5000多万元，利税450多万元，年发放员工工资达120万元。

兴化市鑫嘉拉管厂

位于戴垛工业园区，创建于2006年。工厂占地面积8300多平方米。该厂主要生产不锈钢无缝工业管、工业焊管、卫生级管、厚壁管、方管、矩形管、抛光管及各种非标管。产品广泛应用于石油、化工工程、水处理工程、造纸厂、电站、能源、环保、医疗、食品等领域。2007年3月被表彰为江苏省民营科技企业，同年7月24日被CHC全国高科技质量监督促进工作委员会表彰为国家质量监督检测合格——全国质量信得过产品。2008年2月被中国商品交易市场协会表彰为2007年度全国商品交易市场系统全国文明诚信商户，同年6月被江苏省经济贸易委员会、江苏省中小企业局表彰为江苏省科技型中小企业。2009年6月被江苏省科学技术厅表彰为江苏省高新技术企业。2011年11月被江苏远东国际评估咨询有限公司评为AAA企业。2015年4月获江苏省AAA级信用企业。

兴化市鑫嘉拉管厂

江苏环能硅碳陶瓷有限公司

成立于2001年，致力研发高性能碳化硅电热元件（硅碳棒）及碳化硅陶瓷。2006年起，与多家高等院校研究所合作研究新型碳化硅电热元件（硅碳棒），采用高起点的生产设备、先进的生产工艺技术，率先打破传统国产碳化硅电热元件（硅碳棒）生产方式，掌握碳化硅电热元件（硅碳棒）的核心技术，成功研发出自主知识产权的独有生产工艺。该公司生产的SICTECH品牌碳化硅电热元件（硅碳棒）产品质量达到世界先进水平。SICTECH提供各种规格高品质硅碳棒（碳化硅电热元件）：GD（直棒）、HGD（高密度直棒）、U型、W（三相）型、L口（单螺纹）型、LS（双螺纹）型等产品（可根据客户设计需要定制特殊规格的硅碳棒）。产品广泛用于玻璃、陶瓷、碳材、粉木冷金等热处理行业，出口到30多个国家和地区。

江苏博生医用新材料股份有限公司

创建于2001年，是专业从事药用丁基橡胶塞（含镀膜胶塞）、聚异戊二烯垫片、多层共挤医用输液膜等新型药用包装材料生产的国家高新技术企业，是中国医药包装协会药用胶塞专业委员会主任单位。产品广泛应用于药品、生物制品、医疗器械等领域，与国内外一大批优

江苏环能硅碳陶瓷有限公司

石家庄四药集团——江苏博生医用新材料股份有限公司

质制药和医疗器械企业建立长期稳定的合作关系。全部产品获得CFDA注册，多个产品通过美国FDA的DMF备案。公司商标“BEST”是江苏省著名商标，产品系江苏省名牌产品，研发中心被认定为省级企业技术中心、省级工程技术研究中心。

公司注重科技创新，坚持实行与同行差异化竞争发展的战略，不断更新生产装备，引进高端研发和检测设备，全面推行生产质量无差错管理，安全、有效的质量保证体系在医药包装领域独领风骚。公司率先在行业内投入免清洗胶塞用注射水系统，以高标准的微粒和生化纯净度，达到USP和EP要求，自主研发的多个产品被认定为国家重点新产品、江苏省高新技术产品，并列入国家火炬计划。

2008年，镀膜胶塞被科技部列为国家重点新产品。医用胶塞被认定为江苏省名牌产品，“B”牌商标被认证为江苏省著名商标。2011年，通过职业健康安全管理体系、环境管理体系认证。头孢曲松钠专用胶塞被科学技术部列为国家火炬计划项目。抗生素系列、冻干系列、输液系列胶塞通过美国FDA的DMF认证。被认定为高新技术企业。2015年9月，公司与国内大输液制造领军企业石家庄四药集团（02005.HK）合作，正式登陆港股。依托集团的技术、管理、资金、市场等优势，公司的运营质态更加稳健，迎来更好的发展新机遇。

2017年4月被中华全国总工会授予全国工人先锋号称号；5月通过工信部“两化融合”管理体系认证。

江苏申源集团有限公司

组建于2002年5月，是国家火炬计划兴化特种合金材料及制品产业骨干企业。主要生产内燃机气阀钢棒、300系列不锈钢、不锈钢焊丝等产品。远销美国、意大利、韩国、印度及中东等国市场，公司成为美国伊顿、福特、TRW、日本日锻、德国大众、上海大众等公司的合格供方。公司建有省级工程技术研究中心、研究生工作站、博士后创新实践基地等平台。先后获得国家高新技术企业、江苏省创新型企业、江苏省名牌产品、江苏省著名商标、江苏省百家优秀科技成长型企业、江苏省工业企业质量信用AAA级企业、江苏省管理创新优秀企业等荣誉。

2017年，公司实现销售30亿元，上缴税金1.2亿元。为气阀钢国家标准起草单位之一，产业规模位居全球第二、国内第一。

江苏申源集团有限公司

主要产品选介

化工颜料

江苏双乐颜料有限公司主要从事酞菁颜料及铬系颜料等的研发、生产、销售，广泛应用于油墨、涂料和塑料等领域的着色。

主要产品有：

油墨用颜料：胶印墨用颜料、溶剂墨用颜料、水性墨用颜料、色浆用颜料、功能墨用颜料等。

涂料用颜料：汽车涂料用颜料、卷材涂料用颜料、船舶、集装箱涂料用颜料、

车间安全检查

车间产品检查

机械涂料用颜料、建筑涂料用颜料、道路涂料用颜料、特种（防腐、粉末）涂料用颜料、防锈涂料用颜料等。

塑料用颜料：通用母粒用颜料、功能母粒用颜料、人造革用颜料、发泡用颜料、颜料制备物用颜料等。

颜料中间体及其他：铜酞菁、氰尿酸、氯化亚铜、硫酸铵。

电热合金

用于制造电热元件的合金材料。电热合金产品一般制成细的丝材（电热丝）、圆线材、扁带材（电阻带），在特殊要求下也可制成管材和铸件。它可有效地将电能转化为热能。电热合金一般具有电阻率大、耐热疲劳、抗腐蚀和高温形状稳定性好等特点，在高温时表面形成致密的氧化膜，故有良好的抗氧化性能。电热合金常规国家标准产品牌号有Cr20Ni80、Cr30Ni70、Cr15Ni60、Cr20Ni35、Cr20Ni30、1Cr13A14、0Cr20A13、0Cr23A15、0Cr20A16RE、0Cr25A15、0Cr21A16Nb、0Cr24A16RE、$0Cr27A17MO_2$等，此外还可根据客户要求定制非标产品，有0Cr21A16、0Cr21A14、0Cr18A13、1Cr12A13等。

主要产品有：

盘条：ϕ5.5~15.3mm等。

下拔丝（中间丝）：ϕ0.8~2.0mm等。

电炉条丝：ϕ2.1~12.0mm等。

电炉条扁钢：（2.5~4.0）×（175~195）mm、（3.5~5.0）×（13~29）mm、（0.04~0.8）×（10~170）mm、（1.0~2.5）×（15~40）mm等。

棒材（引出棒）：ϕ8.0~20.0mm、ϕ4.0~20.0mm等。

康铜：ϕ0.8~12.0mm等。

卡玛（镍铬铝铁）：ϕ0.8~12.0mm等。

纯镍：ϕ0.8~12.0mm等。

金属管业

金属管广泛应用于电力机车、汽车线束、机床机械、自动化仪器仪表、烟草设备电机马达、工程安装等行业。

主要产品有：

KBG钢管系列：热镀锌导线管（紧定式JDG、扣压式KBG）。

包塑金属软管系列：JSH包塑金属软管、JS镀锌金属软管、JSP平包塑金属软管、JSN内包塑软管、JSNH内外包塑软管、JSBXG不锈钢金属软管、JSHG不锈钢编制防爆金属软管/防爆挠性连接管、不锈钢软管接头（SPJ\SKJ\SPN）、不锈钢包塑软管JSF-SJSH、不锈钢平包塑软管JSF-SJSB、DPJ端式接头、DKJ卡套式接头/DGJ卡簧自固式接头、DPN内牙式接头、DWJ型90°防水弯接头、DNJ型45°防水弯接头、普利卡金属软管LZ-4基本型、LV-5防水型/LV-5Z阻燃型等。

可挠性电气导管系列：KZ-1基本型可挠（金属）电气导管、KV-1防水型/KV-2阻燃型可挠（金属）电气导管、接线箱连接器BG、混合连接器KG、无螺纹连接器VKC、护套BP、防水型接线箱连接器WBG、防水型直头连接器WC、防水型混合连接器WUG、防爆挠性连接管等。

塑料软管系列：PA-Z阻燃尼龙软管、PE聚乙烯软管、PP阻燃聚丙烯软管、塑料波纹管接头、软管固定支架、电缆防水接头、塑料波纹管90度弯头、三通接头、大口径法兰式接头等。

镀锌钢带系列：镀锌钢带、PVC塑料粒子等。

仪器仪表

80G调频雷达物位计采用调频连续波（FMCW）技术。该产品主要优势在于不受大气降水影响、周围环境温度-60℃起、从贮藏罐外装置、物位计内天线由氟塑料透镜加热保护、便于安装、测量稳定、物位测量准确度不受容器内温度限制、蒸发作用和灰尘不会影响测量、沸腾液体物位测量、腐蚀性液体物位测量稳定等。调频雷达物位计产品广泛用于工业、农业、军事、科学研究、交通运输、商业、医疗、服务和家庭等方面。

主要系列产品有：ALSRD80G201、ALSRD80G202、ALSRD80G203、ALSRD80G204、ALSRD80G205、ALSRD80G206。

硅碳棒

SICTECHMHD硅碳棒采用目前国内外最新的发热体工艺，最高使用温度可达1625摄氏度，具有高致密性、低气孔率，能有效抵抗有害气体、水蒸气、金属氧化物的侵蚀，大幅度降低老化速度，更长的使用时间，减少更换频率，为用户降低生产成本，适合用于玻璃、电子、贵金属材料等要求苛刻的现场。

主要产品有：

GD/HGD型硅碳棒：由3段组合焊接而成，中间为发热部，两端为冷端，最高使用温度1500℃。

GDU硅碳棒：采用的是2支发热部和2支冷端链接而成，与GD型硅碳棒比少2支冷端，在使用的时候可节能10%至20%，最高使用温度1500℃。

W型（三相）硅碳棒：浮法玻璃锡槽用硅碳棒，可选MHD超高密度硅碳棒发热体、HD高密度实心发热体、HD高密度空心发热体。

LD高温（单螺纹）硅碳棒：LD硅碳棒发热部采用特殊材料制成，密度达到2.8g/cm^3，最高使用温度1650℃，超长使用寿命，两端接线，可与GD/HGD互换。

LS高温（双螺纹）硅碳棒：LS硅碳棒发热部采用特殊材料制成，密度达到2.8g/cm^3，最高使用温度1650℃，超长使用寿命，采用一端接线，安装方便。

电热电器

电热电器是将电能转换成热能的电器，广泛用于空调、烤箱、热水器配套及航空、石油、电子、造纸、化工、电镀工业等领域。

主要产品有：

电热元件：管状电热元件（GRQ型、GRS型、GRX型、GRY型、GRM型、翅片式、防爆型）、金属电加热圈、碳化硅远红外电热板、玻璃纤维电热带、硅橡胶电热带、金属电加热条等。

电加热系统：通道式加热器、循环式加热器、贮罐抽吸式电加热器、热流道系统、电热锅炉、电热油炉等。

高温线缆：高性能电伴热带、自控温电伴热带（低温系列70℃、中温系列105℃、高温系列135℃）、螺旋线芯保温PVC发热线、空气加热线、硅胶电热发热线、铁氟龙电线（FEP、PFA、PTFE）、射频线、VDE系列、耐火线系列、高压线系列、补偿导线、补偿电缆等系列产品。

医药包材

专业从事药用丁基橡胶瓶塞（含镀膜胶塞、覆膜胶塞）、聚异戊二烯垫片、多层共挤输液用膜及UV彩色印刷膜等药用包装材料的研发、制造、销售，与国内众多优秀医药企业达成长期合作，并远销海外。

主要产品有：

注射液胶塞、抗生素胶塞、冻干胶塞、镀膜胶塞、药用聚异戊二烯橡胶垫片、笔式注射器用卤化丁基橡胶活塞和垫片、预灌封注射器用卤化丁基橡胶活塞、覆膜胶塞、免清洗丁基胶塞、采血器胶塞、多层共挤输液用膜（三层共挤输液用膜、五层共挤输液用膜、七层共挤高阻隔膜）、UV彩色印刷膜。

锌制品

广泛应用于船舶、集装箱富锌涂料、橡胶制品、塑胶、食品、化妆品、陶瓷、医药、电子、印染、军工和达克罗涂覆等多种行业。

主要产品有：

环保磷酸锌、环保锌粉、环保氧化锌、磷酸铝锌、钼酸锌、硼酸锌、试剂氧化锌、药用氧化锌。

2017年赵万村企业名牌产品一览表

表21

企业名称	商标/产品名称
江苏申源集团有限公司	“申源”牌气阀钢
江苏博生医用新材料股份有限公司	“BEST”牌医药包材
江苏双乐颜料股份有限公司	“双乐”牌颜料
江苏天龙门业有限公司	“超龙”牌铜门、不锈钢门，“东晟”牌木门、原木家具
江苏申隆锌业有限公司	“申隆”牌锌制品
江苏鹏申高温线缆有限公司	“鹏申”牌高温线缆
江苏环能硅碳陶瓷有限公司	“SICTECH”牌碳化硅电热元件
江苏金扬子包装科技有限公司	“JYZ”牌医用包装材料
江苏京生管业有限公司	“京生”牌金属管

赵万村主要企业及主营产品一览表（2017 年）

表 22

工厂名称	所在区域	建厂年份	法人代表	主营产品	职工人数	年产值（万元）	利税（万元）
化工颜料							
江苏双乐颜料有限公司	赵东	1980	杨汉洲	铬黄、钛青蓝等化工颜料	880	97000	8500
装潢建材							
江苏天龙门业有限公司	赵东	2002	赵启荣	豪华装甲铜门、窗、扶手，不锈钢、原木门，木衣柜、家具等	32	3680	1200
生态农业							
名士生态园	赵东	2013	王根华	果蔬种植采摘、养殖垂钓、餐饮休闲	50	8200	460
金属制品							
江苏申源特钢合金有限公司	赵东	2002	宫友军	内燃机气阀钢棒、300 系列不锈钢、不锈钢焊丝等	1600	246000	18000
江苏京生管业公司	赵东	1988	赵观军	生产包塑软管、不锈钢包塑软管、塑料波纹管、可挠型金属电线保护套管、KBG/JDG 电线管、金属接头	220	35000	7800
兴化市鑫嘉拉管厂	戴垛	2009	戴文柏	不锈钢管制造	16	3000	1100
医药包材							
江苏金扬子集团有限公司	赵东	1998	赵京东	医用输液袋用聚丙烯组合盖及接口系列产品	62	22000	5000
江苏博生医用新材料	赵西	2001	张吕义	药用丁基胶瓶塞、聚戊异二烯垫片、多层共挤医用输液膜	161	25000	6000
金属提炼							
江苏申隆锌业有限公司	赵西	1996	戴鹏	超细锌粉、氧化锌、409 磷酸锌、硬脂酸锌、709 钼酸锌、乙撑双硬脂酸酰胺等	65	22000	4500
兴化市远红外元件厂	戴垛	1982	戴呈彪	各类远红外硅板、硅管及加热元件、炉膛、耐火杂件	26	13000	1200

续表

工厂名称	所在区域	建厂年份	法人代表	主营产品	职工人数	年产值（万元）	利税（万元）
江苏宏伟理业有限公司	戴垛	2002	戴日桃	金属锂	36	15000	1300
电热制品							
江苏鹏申高温线缆有限公司	赵西	2008	徐文龙	自控、限温电热带、伴热带、地暖线、电热膜等	46	6000	1500
上海申颛线缆有限公司（兴化分公司）	戴垛	2013	戴呈民	各种电热带、发热电缆、补偿导线、蜡克线、陶瓷加热器、电热带附件等	38	3500	650
江苏朝阳高温线缆有限公司	戴垛	2003	胡明兰	镀锡铜丝、裸铜丝、高温线电缆、补偿导线、测温线	36	3000	500
江苏斯贝达新材料科技有限公司	戴垛	2017	戴呈友	特种电线电缆	85	20000	1800
泰州市斯泰尔电热电器有限公司	戴垛	2007	戴文全	电热带	31	3100	460
江苏环能硅碳陶瓷有限公司	南匈	2001	叶明华	各种高性能碳化硅电热元件（硅碳棒）及碳化硅陶瓷	13	3500	1600
兴化市华枫电热电器制造有限公司	南匈	1997	叶锦峰	电热管生产专用设备和电热管高端配件产品	45	4000	1600

科技创新

赵万村企业重视科研、改进技术、不断更新设备、开发新品，善于把握最新科技动态，努力寻找新的商机。

博生公司前身是生产药用玻璃瓶的企业，生产黄料瓶和安瓿瓶。随着医用包装新材料的应用，公司淘汰原有的生产设备，新上橡塑生产项目，使用多层共挤膜技术，全部产品获得原国家食品药品监督管理总局（CFDA）注册，多个产品通过美国食品药品监督管理局（FDA）的DMF备案。该公司商标“BEST”是江苏省著名商标，产品系“江苏省名牌产品”，研发中心被认定为省级企业技术中心、省级工程技术研究中心。该公司率先在行业内投入免清洗胶塞用注射水系统，以高标准的微粒和生化纯净度，达到USP和EP要求，自主研发的多个产品被认定为国家重点新产品、江苏省高新技术产品，并列入国家火炬计划。2015年9月，原股东将所有股权转让石家庄四药集团有限公司，企业性质变更为中外合资股份制。

双乐颜料股份有限公司从初期的一个化工小作坊，突破各种瓶颈，发展成现有规模。公司始终以科技为导向，坚持科研，注重环保，加大科技投入，打造创新人才团队，制定科技发展计划，与销售、生产同步，保证科技投入充分。持续提升创新能力。每年研究经费超过销售额的3%，投资1800多万元建设研发中心，试验基础条件在全国同行业处领先水平，获得江苏省企业技术中心、江苏省（双乐）新型环保颜料工程技术研究中心认定。推进原始创新、自主开发、引进技术消化吸收再创新、产学研合作等。截至2017年，公司共开发36个系列128个产品，13项获发明专利授权、1项技术列入国家火炬计划、5个产品获江苏省高新技术产品称号。成为国内生产颜料的重点企业，产品出口日本、韩国及欧美各国，覆盖40多个国家和地区。

江苏申源集团有限公司建有省级工程技术研究中心、研究生工作站、博士后创新实践基地等平台。先后获得国家高新技术企业、江苏省创新型企业、江苏省名牌产品、江苏省著名商标等称号。宏伟锂业注重科技创新，主动放弃普通电热管的生产，走尖端发展之路，生产金属锂，前景广阔。

产业经营

初期，赵万村企业都是利用废旧仓库、庭院空地、撤并后的学校等作为厂房进行生产，向外发货都要到戴南。张郭镇为大力扶持企业发展，建立立业不锈钢市场，开辟工业园区。赵万村建立运输公司，新建戴垛工业园、赵东工业园、南甸工业园、赵西工业园，让同类型企业进驻，便于企业集中统一管理和高效运

特色产业发展宣导

营，同时保持村庄环境优化美化。

每年春节期间，赵万村都召开联谊会，邀请老干部及工商界代表参加，通报村级管理情况，交流各种信息，凝聚全村合力，建设文明、富庶、美丽、和谐、宜居的社会主义新农村。同时召开企业商品展销会，众多企业纷纷展示各自的产品，发放企业简介、产品说明书、价目表。客商摩肩接踵，前来洽谈咨询，工商联手，合作共赢。村里有生产基地，外地有经销平台，赵万村的各种商品源源不断的经销到全国各地，世界各地。展销会已经连续举办26届。随着时代的发展，信息技术的普及，赵万村引领各企业与时俱进，发展电商、网商。截至2017年年底，赵万村有各类企业592家，产值60.4亿元，销售57.33亿元，创利税5.64亿元。

行业管理

20世纪80年代开始，镇村及私营企业由工业公司管理。21世纪撤销工业公司，成立企业管理服务站，政府施行服务职能，赵万村成立企业管理服务有限公司，为该村的企业做好服务工作。之后，行业协会纷纷成立。1998年，成立铸造行业协会；2002年，成立电热仪表行业协会；2003年，成立电线电缆行业协会。行业协会定期召开理事会和会员大会，组织会员参加国内的交流展览活动，学习取经，交流生产经营情况，协调各种关系，做到合作共赢，从而为企业的持续发展做出贡献。

附：商潮中的赵万村人

1.徐冬华——海河边的弄潮儿

1991年，21岁的徐冬华高中毕业，来到张郭镇申源特钢厂工作。经过3年的艰辛努力，聪明勤勉的他很快得到领导的认可。1994年，厂领导决定派徐冬华到天津办事处，为公司培养青年营销人才。初到天津，在朋友的引荐下，他很快走进市场融入不锈钢贸易行业。凭借自己对市场的敏锐把握和踏实稳健的作风，以及丰富的行业经验和畅通的供销渠道，徐冬华抢抓机遇，于2010年成立天津希耐尔钢业有限公司，专营不锈钢板、管、棒、管件及耐热钢材料等众多规格品种的高效节能长寿型产品集群。经过几年的摸爬滚打，希耐尔取得对外贸易许可认证、进出口许可专业认证、自理报检单位备案、中德第三方专业认证、BV认证、系统专业认证、阿里巴巴诚信通会员认证。与太钢、酒钢、青山特钢、联众、希耐金属等不锈钢知名企业建立合作关系，积极开展国际贸易，年产值超亿元。

2.祝小进——在商海中摸爬滚打

2001年，刚20岁出头的祝小进来到太仓，满怀希望开始自己的首场创业，逐步打开市场。次年成为太仓舍弗勒（中国）有限公司的合格供应商。2009年，随着厨具店的发展壮大，从刚开始的40平方米的门面变成小有规模的厨具公司。一千多平方米的苏州建滔厨房设备有限公司成为太仓地区赫赫有名的厨具大卖场，独居市场之首。

2012年，为谋取更大发展，祝小进在杭州创办杭州凯林餐饮设备有限公司，经营商用冰箱、商用冷柜，年销售额达8000多万元人民币。

为回报家乡，祝小进决定回乡创办江苏银雪电气设备有限公司，在张郭镇南甸工业园区内，新建厂区15000平方米，累计投资3000多万元。公司生产不锈钢厨具，制冰机，冰箱风幕柜等产品，公司拥有110余人，年销售达4000多万元，成为兴化创业富民先进单位。

3.戴呈兵——从打工仔到企业负责人

20世纪80年代末，戴呈兵从学校毕业后，先后在戴南、上海打工。1990年，戴呈兵在上海四川中路的五金仪表经营部租下一节柜台，数年后，高温线成为其主打销售品种。

2000年，戴呈兵在赵万戴垛区域的东南角创建朝阳高温线缆有限公司。从进货销售做买卖转变成自产自销。21世纪后，公司面对逐步成熟的市场，紧跟技术改造，抓好质量要求。2004年年底，公司迁往赵万村西边幸福河畔的新厂区，占地面积40亩，建设一万多平方米的生产用房，综合办公楼一幢，另建一排职工生活区。从单一品种高温线逐步开发并生产电热带，补偿线，高温布，聚四氟高温黏胶带等系列产品，不再依赖于传统的布点设仓库和终端客户直接结算式销售，拓展网络线上交易物流派送模式销售。

4.王万青——小木匠的经商之道

在家排行老三的王万青，1984年刚刚17岁，离开学校拜该村一木工师傅为师学艺，随师离开家乡来到东北，一待就是5年，一直到1990年回乡结婚。

家乡戴垛是远近闻名的耐火材料之村。改革开放后在村耐火材料厂的影响下，村民从事手工艺作坊式生产，在家中手工制作耐火件，再成批送厂内大窑中烧制。但生产的只是耐火件的外壳，如需在设备上使用还得将电阻丝按发热要求布入耐火件上通电使用。这一步的安装一般由专业人员操作。在一位老电工师傅的指点下，王万青很快学会了电热板、电热圈的制作和小型电炉、电烤箱的组装。学好这门手艺，就能专门服务于在各大城市开经营部销售电热产品的老乡，为他们拿到客户的订单作后勤定制生产。

敢闯是年轻人的特点，也是创业者的优势。王万青放弃传统的木工手艺，到上海去办耐火材料仓库，同时加工电热产品。90年代初的上海不仅是沿海地区的大市场，更是全国的市场，很快仓储式耐火材料及产品得到了市场认可。

1995年上半年，上海福建中路上的上海国泰橡塑公司，迎来一位有着闯关东精神的合作租户。他的经营品种不仅是自己仓库存有的品种，更增加了其他同类产品，又补充了工陶系列配件及金属管件和卷带式加热件。

当年，代理销售有一种埋入式陶瓷电热板，只有宜兴生产，销量很好，在上海仓储物流的进销是大批量的，王万青认为如果自己能够生产，可以补充家乡只生产低档陶土耐火件的不足，还可借老乡遍布全国各大城市平台销售。2000年，在家乡政府招商引资的机缘下，王万青创办的梅园陶瓷厂开业。千禧年的金秋十月，以高岭土为原料的工业绝缘件系列产品和陶瓷加热器成功出炉，标志着张郭电热之乡产品向精细高端更进一步。

5.广州城里的赵万五连襟

广州是改革开放中赵万人经商创业的热土。1994年7月，徐霖在广州越秀区大德路的智美机电公司登上羊城商贸的人生舞台，主要销售具有赵万特色的电热管、发热丝、不锈钢材料等。徐霖与1989年到上海经营五金的二连襟葛成龙，经常互相了解对方的市场行情及发展需求。葛成龙的经营产品及发展理念在广州更有优势。1997年12月，葛成龙来到广州大德路龙涛五金公司签下合约，只待新的一年再返南国这片新的天地中大展宏图。

三连襟葛成华，1995年6月来到广州主营电热材料，在广州惠福西路开办环苏五金公司。

四连襟蔡日东，1997年8月来到广州。之前夫妻俩一直在张郭忙碌于自行车铺，收入尚可。在姐夫、姐姐影响下，经过筹备，他们带着家乡新的优势产品高温电线和金属软管在广州惠福西路开办人民电器集团广州分公司。

五连襟孙华进，是家乡支柱企业的后备人才，在双乐化工公司负责企业文化工作。1999年7月，经积极筹备，由他创办的广州诺金自动化公司开张，广州又迎来一位具有文化特色的商人。

广州城里的赵万村五连襟的故事在家乡传为美谈。

全国文明村
赵万村

第四篇　物产美食

赵万村河港密布，土地肥沃，物产丰富，尤以里下河各种水鲜和时鲜菜蔬闻名。先民在果腹维生的同时，亦甄选时鲜，巧思细做，拓展食源，丰富口味，致有多样乡间美食。其材就地可取，其制俭朴不奢，又有应时应节之馔，当时或附寓意，而今足慰乡愁。

土特名产

荠菜

荠菜

二年生草本植物，叶子羽状分裂，白色小花。初春之时，赵万村境内河岸、田埂、荒地、河滩，荠菜随处可见，皆匍匐地面、层叶尽展；此时采挖，最为鲜嫩。食用荠菜的方法较多，最盛行的是包春卷：将从田间挑（方言，意为铲或挖）回来的荠菜择、洗干净，焯水、沥干、切碎，拌和佐料；也有加猪油渣或肉末，下锅略炒。从街市上买回春卷皮，展开一张，上置荠菜馅，卷成长圆形，放入油锅，煎至外皮金黄。入口品尝，皮脆馅香。将荠菜加油盐爆炒、焯水或打蛋花，也是赵万村村民桌上的“春令美味”。

马兰头

多年生草本植物，叶互生，披针形，边缘有粗锯齿，紫色小花。因其花形似菊，赵万村村民俚称“孩菊”。野外采挖的马兰头，择去老叶残根，清水洗净，可直接用油、盐爆炒，也可开水焯后挤干、切碎，浇上酱油、麻油食用。其味略带苦涩，入口后，舌有清冽感。焯水后食用，苦涩味变淡。

洗净、泡水软化，然后切碎，加油盐调料蒸熟，即可作为下饭的佐菜。

马兰头

枸杞头

枸杞叶呈披针形，花淡紫色，橘红色椭圆形小浆果。赵万村境枸杞多为野生，春天采摘鲜嫩的枸杞头（细枝末梢），开水焯过、挤干、切碎，浇上调味佐料，即可食用；亦可与荠菜、马兰头等同焯、同拌。

黄花草

一年生草本植物，叶互生，蝶形，三片复叶、心状排列，花黄色，结荚果。20世纪60至70年代，赵万村村境内曾大面积种植，夏种时充作绿肥。可供食用的是其鲜嫩茎叶，俗称“黄花头儿”。食用时切碎爆炒，口感鲜美。也有腌制成咸菜，“腌熟”后摊晒一两天，也可不晒，罐装保存。需食时取出、切细、蒸熟，也可做汤。较之青菜、麻菜腌制的咸菜，别具风味。

马齿苋

又名洋马菜。一年生草本植物，茎匍匐地面，小叶倒卵形，花小、黄色。俗称“马菜”。鲜嫩的马齿苋采挖回来后，洗净、稍稍晾干，用草木灰（现在用食盐）腌制、晒干。食用时将腌制的菜干

马齿苋

豌豆头

二年生草本植物，羽状复叶，花白色或淡紫红色，结荚果，种子近球形。手工掐取鲜嫩的豌豆头，长2寸许，洗净后以油、盐爆炒，起锅前加适量糖、醋。豌豆头烧肉圆，喜荤喜素者可各取所需，上桌颇受欢迎。籽粒半饱的豌豆荚、初熟的豌豆粒，也为时鲜蔬菜。

胡萝卜缨

二年生草本植物，羽状复叶，白色小花，长圆花穗，粒状种子，其锥形根富含胡萝卜素。深秋或初冬之时，将胡萝卜缨连根拔起，此时锥根尚细、茎叶俱嫩；将其洗净、切碎、炒熟，或整株焯水后切细凉拌。即可佐饭或下酒。也有煮胡萝卜缨饭的，饭熟之后盛入碗中，挑上一块熬熟的猪油，闻之油香扑鼻，视之青白交映，入口咀嚼，饭粒滑爽而青缨素淡，不失为居家美食。

苋菜秆

一年生草本植物，叶暗紫色或淡绿色，形近椭圆而带长柄，为常见蔬菜。赵万村及邻近村民，惯来喜腌"苋菜秆"。其法是将长至60至70厘米高的苋菜整株铲下，去根去叶，将长茎剁成4厘米左右的小段，洗净、加盐，腌3至5天后，沥去卤水，置入坛罐之中，加入陈年的咸菜卤或苋菜秆卤，浸泡5至7天，使卤味渗入茎内，即可蒸熟食用。蒸前需加适量素油，以菜油为佳。入口之后，其薄层表皮轻触即落，最觉油香，厚层粗纤维"渣子"不食，可以舌、齿轻易分开。茎肉嫩而厚实，卤味浓而清香受人喜爱，最是下饭。也可和豆腐一起炖熬，食之有味。2000年后，多有种菜户小批加工，装罐出售，颇受欢迎。

蚕豆籽

谷雨前后，青蚕豆籽粒饱满，赵万村村民到田间采摘豆荚，剥出豆粒，品尝新蚕豆的时鲜。新摘现剥的蚕豆籽，油炒、放盐、加水煮熟，粉糯、微甜、有清香。新蚕豆籽儿也可熬咸菜、烧蒜苗。所用咸菜，以腌制不久但已经"圆味"（方言，意指腌熟）的黄花草头儿或小青菜为最佳，陈年咸菜（大青菜）、当年腌制的麻菜次之。50岁以上的人群中，有人特别钟爱，从上市到下市，天天以青蚕豆下酒、佐饭。临近下市还要剥上几袋蚕豆籽放进冰箱的冷冻柜，以便不时解馋。随着生活条件的提高，青蚕豆从原来"杂粮"升格为享用的美食。

山芋藤

山芋又称红薯、地瓜。藤本植物，藤

蔓细长，匍匐地面生长，地下块茎供食用，或制糖、制粉丝、制酒精。山芋收获时，其藤蔓及长柄叶多作猪饲料。有赵万村村民会用山芋藤做菜。在入暑后，取其长长的叶柄，去叶、撕皮、掐成寸许小段，洗净后，下锅爆炒，调味佐料除油、盐外，可加糖、辣或醋。七八成熟即可起锅，吃起来清脆可口。

螺蛳

螺蛳生长于浅水，以浮游生物为食。赵万村人都用“趟网”趟或到河边用手摸。刚取上来的螺蛳需在清水中养一两天，让其吐出泥浆杂质。食前剪去螺壳尾端，洗净。烹炒时，辅以葱、姜、料酒，爱吃辣的放些红尖椒。然后加水烧开，撒上蒜泥或蒜花，即刻起锅。其汤鲜而不浓，其肉绵而不韧。食时筷（子）搛（挟）入口，舌尖调整“方位”，闭唇、猛吸，吃肉吐壳。能者轻易快捷，不能者往往需用缝衣针或牙签挑取。也有将螺蛳煮熟，挑取其肉，加佐料略炒、起锅，再将韭菜炒熟，倒入螺蛳肉拌和，装盘后撒上胡椒粉，菜名就叫螺蛳肉炒韭菜，味亦鲜美。

蚬子

赵万村当地水网密布，蚬子为常见水生物种。多生活在无淤泥的河床之上，壳呈扇形，弧面外表有轮状纹。取蚬子的一般是专业渔民，工具是一张趟网、一张耙子，都固定在竹篙的根部。作业时，用耙子从前方向网口耙，将半嵌于泥中的蚬子耙入趟网，然后收网至水面，洗净泥浆，清除杂草砂砾等，倒入船舱。次日清晨入市销售。食用时，把洗净的蚬子放入锅中，加水烧开，随即揭锅，蚬壳尽数张开。这一过程，俗称饷蚬子。熄火、移锅，待冷却后，将蚬肉从壳中择出。蚬肉炒韭菜、炒芹菜，其肉鲜嫩，近于海货中的蛤子。饷蚬子的汤汁，白中显灰，鲜味独特，可以烧豆腐、青菜、平菇等。蚬子肉也可晒干储存，做菜烧汤前先用水泡开。

河蚌

赵万村当地河蚌有三角蚌、“鹳头嘴”、湖蚌。河蚌方言叫河歪（音），淡水生软体动物，有两片椭圆形介壳，可张合，壳表面黑绿色，环状纹。壳内有珍珠质层，故可用于培育珍珠。取蚌人有专用铁爪子，固定于长竹竿的细端。向前推时，碰到半嵌于泥中的河蚌，虽容易滑过，但手中已有感觉。随后将爪子紧贴河床向后拉，钩出河蚌，落入铁爪内，收竹竿取蚌。油菜开花时节，蚌肉丰满，民间有“菜花歪儿”之称，食之最佳。以河蚌为主的菜式，有红烧河蚌、河蚌烧咸肉，白烧河蚌、河蚌烧豆腐、河蚌烧青菜等，皆为美味。

小杂鱼

生活在里下河水网中的小鱼，有罗汉鱼、鳑鲏鱼、小参鱼等，一般3至5寸长。20世纪70年代以前，拉网渔船到庄上叫卖，小鱼多不分品种，统称小杂鱼。民间有“大鱼肥、小鱼鲜”之说，实非虚言。罗汉鱼身圆肉厚，红烧时加点咸菜，新腌的更佳。鱼与咸菜交互“间口”（换口味），别有一番滋味。小参鱼细如杨树叶子，掐去肚糟，刮去鳞片，风干后，以面粉加水调成浆状，和以佐料，干小鱼蘸上“面浆”入油锅煎至两面金黄，嚼之香酥脆，且不用吐卡（鱼刺）。小参鱼、鳑鲏鱼亦可红烧。有人品味，同锅红烧的杂鱼，罗汉鱼味道居首，次为小参鱼，鳑鲏鱼又次之，但都在小鲫鱼之上。

草炉烧饼

赵万庄草炉烧饼有甜烧饼、咸烧饼、“龙虎斗”、萝卜丝烧饼、草白烧饼等多个品种，制作讲究。面粉拌和成发面，冬天、夏天方法不一。冬天用热汤，夏天用凉水。夏天时，现做与延时做不一，现做用热汤，延时用凉水。饼馅事先制作准备好，随时按客户喜好调入，如大葱、油渣切细，糖油拌好的，是“龙虎斗”的专用馅。发面摘剂，包入馅收口捏拢，按扁，擀成圆饼坯。饼坯正面刷上少许麦芽饴糖并撒上芝麻，反面刷上少许水，贴在炭火烧热的

烧饼

草炉烧饼

赵万村烧饼店铺

赵万村烧饼铺

烧桶内壁上；用炭火烧烤3至4分钟，待饼面金黄，香味溢出时，饼面凸起，火候一到，即用特制铁钳钳出即成。

夹饼看似简单，其实有一番需磨炼的工夫。首先，要看烧饼熟透的程度。通体发胖，饼底边稍稍翘起的是刚好熟透的。操控铁钳的两片铁皮稍稍张开，一片铁皮舔到饼底边轻轻地一铲，另一片铁皮及时衔拢，烧饼才不会掉入炉底，黏一身灰；如此反复将饼夹上炉面。刚刚出炉的烧饼，还冒着热气，饼皮金黄色，半焦的糖油闪着光亮，满天星一样的芝麻，既是香料，又是点缀。饼未入口，先觉色泽养眼，喷香扑鼻。

赵万烧腊

赵万烧腊一般以猪头肉为主原料。据清末当地乡贤日记记述，赵万猪头肉烧腊在晚清时期即享有盛名。烧腊的主料，选用地方土猪猪头，猪头选皮薄、肥肉薄的，不能选腥气较重的黑猪头。经手工去毛、沥尽血水、老卤腌制、旺火煮沸、文火焖烂等工序制成，具有香、透、清的特点，食客“闻到开胃口，进口即化，一抿下肚”，看上去清畅利爽，口感肥而不腻。而且经过长时间的焖煮，猪头肉中脂肪含量已降至极低，食之无发胖之忧。

赵万村烧腊摊的特色，是自家熬制烧腊的老卤汁，用上几十年的很普遍。各自老卤熬出来的猪头肉，口味各有特色，但猪头肉都色泽诱人，还散发出一种独特的肉香味。由猪拱子（方言，猪鼻部的肉）、猪耳朵、猪口条拼成一大盘的猪头肉，实为下酒上等地方美食。烧腊肉一般不单指猪头肉，还有猪尾巴和猪爪、猪大肠、猪小肠、猪尿泡等在一起卤熟，制作方法相似，而因食材大不同的特色口味各有千秋。在装盘上桌食用时，根据个人喜好，可沾蒜蓉、香醋、辣椒等。

香肚

香肚为当地特色美食。以豆制大百（卜）页包上肉丁、淀粉和各种调料做成。真正的香肚工艺流程：选肚擦盐、盐腌、晾挂、装馅、歪揉、扎口、晾晒、入库发酵、抹油、成品。主要原料有猪膀胱、瘦肉、白糖、食盐、精盐、五香粉、味精等。制作方法：选肚。选择新鲜的猪膀胱，剔出附着的筋条、血管、脂肪等。擦盐。每10千克肚皮用盐1千克，分两次擦盐。第一次用70%的盐均匀地涂在肚皮内外，然后放缸中加盖封严贮藏，8至10天后，用余下的盐进行第二次擦盐，再入缸贮藏。盐腌、晾挂。腌制3个月后，从盐中取出，再用少量干盐揉搓腌制，装入蒲包里晾挂，备用。装馅。香肚内的肉馅配料：取猪瘦肉35千克、肥肉15千克、白砂糖2．5千克、酱油0．5千克、精盐2千克、酒0.75千克、五香粉200克、味精200

香肚

均匀地抹在肚外。吃时，用清水洗刷，放锅里加热煮沸1小时，冷却后即可食用。成品肉质紧密，红白分明味道鲜美。

克、硝酸钠10克。将瘦肉切成细长条，肥肉切成小肉丁，再将糖、酒、盐、硝酸钠等调味品撒入肉中搅拌均匀，静置约30分钟，待各种配料充分混合后，将肉馅装入肚内，一般每个肚皮可装200至250克肉馅。歪揉、扎口、晾晒。装好后用手捏住肚口，揉肚，再用竹签刺肚皮，约10个眼左右，目的是将肚内空气排出，再歪揉几下，使肉馅与肚皮黏合，用绳扎紧肚口，挂在通风良好有阳光的地方晾晒，在温度16℃以下时晒2至3天即可。入库发酵、抹油。成品用剪刀剪去扎口的长头部分，放入通风、干燥的库房里挂放发酵，约40天为成品。再刷掉肚外发酵的霉菌，把麻油

赵万双杂

杂烩　杂烩基本为赵万村当地酒席上头道菜，味有高汤鲜美，食材讲究无肥腻和无重口。

杂烩所用的高汤是灵魂。高汤须用蹄髈加整鸡为主，大锅慢慢炖化，达到水乳交融方可。另配油炸肚肺汤，按主食材所需而定，上等杂烩必备高汤。杂烩用料以油炸肉皮（又称肉膘）为主，配鱼圆（青鱼所制鱼圆为上等）、小肉圆（半肥半瘦才适合用在杂烩中）、鸡丝、金华火腿片、鲜河虾、笋片、木耳、香菇等食材。大火沸腾，让高汤与食材再次相融，待起锅前数棵小菜芯投

杂烩

入，再收汤，川白胡椒粉少许即可起锅。

杂菜　赵万杂菜通常为席尾的一道菜。酒过三巡，菜上五味，这时上一份清淡味爽的杂菜，随后来一碗红辣椒酱作陪。荤素搭配，提升口感，色、香，味齐全增加食欲。

杂菜主要食材有大白菜、百页、平菇、黑木耳、鲜河虾、肉丝、慈姑、大蒜等。炒杂菜，先将百页、平菇，黑木耳、肉丝，慈姑分别焯水，河虾煮熟备用，大火爆炒白菜，然后加入焯熟各种配菜，加入几次高汤煸炒，使之入味可口，最后加入大蒜调味，至锅心汤沸便起锅装盘。

初期赵万杂菜只是黄芽菜加大蒜，可作炒菜也可作汤菜。其后又加上慈姑片、百页角子，发展到有肉丝和小河虾时，再以高汤作铺底，味道更佳。

杂菜

赵万盐水鹅

制作方法要求选用的鹅体重不低于2.5公斤，同时还要选一只2公斤重的阉割公鸡与鹅一起卤制，调料有料酒、砂仁、丁香等11种。卤汁要求放在木甑锅中烧沸，最好用杉木锅盖。盐水老鹅卤制后，看上去形态饱满，烂而不散，色泽黄橙油亮，质感松嫩、肥而不腻，鲜咸适中，加工工艺流程为屠宰初加工、擦盐、抠卤、复卤、烫皮、烘干、卤煮。加工方法1.屠宰初加工。按常规方法宰杀、放血、浸烫去毛，右翅下开口净膛，斩去翅尖、脚爪。在冷水中浸泡1小时左右，洗净残碎内脏和残血。晾挂1至2小时，沥干水分。2.擦盐腌制。按白条鹅6%至7%的比例每100公斤盐加1至2公斤八角粉，混匀，炒干，涂抹于鹅体腔和体表，把鹅叠入缸中腌2至4小时（冬天4小时，夏天2小时）。3.抠卤。干腌过程中，鹅肉中的水分、血液渗透入体腔中，这时可提起鹅翅，用手指撑开鹅肛门放出盐水，即为抠卤，再叠入缸中腌2至3小时，再进行第二次抠卤。4.复卤。抠卤后，把鹅体浸入卤汤中浸腌4至5小时，卤汤以秘制陈年老卤为佳。如果新卤则是用饱和盐水加姜、葱和八角熬煮而成；老卤是新卤经多次腌制并烧煮过的卤。老卤中含有水溶性蛋白质、氨基酸、肌肽、肌酸、膘呤碱等风味成分，使腌制的鹅味道更鲜美。5.烫皮。复卤出缸后，用钩子钩住鹅颈部，用开水浇淋体表，使肌肉和表皮绷紧，外形饱满，挂在通风处沥干水分。6.烘干。用8至10厘米长的芦苇管或小竹管插入鹅坯肛门，从开口处向体内放入少许姜、葱和八角，把鹅坯挂入烤炉内。一般以芦柴、松枝、豆荚等为燃料，烧燃后，余火拨成两行，分布炉膛两边，使热量均匀，经20至30分钟的烘烤，鹅坯周身起干壳即可。这样烘干后再煮熟的鹅皮脆而不韧。7.煮制。水中加姜、葱、八角、黄酒和味精等秘制调料，烧开后关火。把鹅坯放入，开水很快从翅下开口和肛门管子口进入体腔，水温下降，这时要提起鹅腿，倒出体腔内的汤水，再放入锅中，并在锅中加总水量1/6的冷水，使鹅体内外的水温一致，盖上比锅略小的盖子，压住鹅体，使其浸在液面下，焖煮30分钟左右，烧火加热至锅中出现连珠水泡时停火，此时锅中水温约85℃，这段工序叫抽丝。第一次抽丝后，将鹅提起倒出体腔内卤汤，放入锅中，焖煮30分钟左右，再烧火加热，进行第二次抽丝，再将鹅体提起倒汤，再入锅，焖煮5—10分钟，即可起锅。在煮制过程中，维持在85℃左右，防止肉中的脂肪融化外溢，肉质变老。卤汤可长期反复使用，越陈越好。

钱氏糕点

赵万村钱家从定居传承近10代，人丁数百人。钱家的地方传统食品，一直被赵万村周边十村八庄称赞，尤其钱家的糕点更是一绝。

所制糕点味道正宗的几个重点是，选料不可马虎，食材上乘，方可出佳品；制作不偷工减料少程序，芝麻作馅必须

月饼

钱氏名糕招牌

洗净，烘熟，碾碎后才可和糖，不可简单生芝麻碾碎和糖，味道肯定不同。

钱家糕点铺在村庄中心。自解放前，由钱家前辈永康老先生经营。永康先生岳父朱家，居戴南史家堡，糕点扬名百里，是真正的百年糕点世家。不仅美味，更有三月存放不改其味之秘方。

瓜饼

七月十五中元节，赵万村村民必食瓜饼。泰东河两岸特产的水瓜，肉质嫩甜酥脆。取大个水瓜，洗净后纵向剖成两半，除去瓜瓤，用金属汤勺将瓜肉刮成薄片，连浆汁倒入盆中，再加入精面及少许食盐，与瓜片、瓜浆拌匀，成为糊状。铁锅烧热，抹油，以小勺舀取盆中饼糊倒在锅壁上，使成茶杯口大小的薄饼。锅内贴满，依次翻身。灶膛一直保持文火，直至饼熟铲出。瓜饼入口软糯、细腻、甜津、微咸、清香，最合老人口味。按村中风俗，若上数三代的亡人中有食素者，当日祭奠的供菜必有一碗瓜饼。

菱米烧鸡鸭

赵万村河沟港汊遍布，盛产菱角。农历八月菱角上市。村民过中秋节，多以菱米烧鸭子为时鲜菜。端午前出炕的小鸡鸭养到中秋，体形丰满，肉质肥嫩，宰杀后水烫、褪毛、开膛，摘除内脏，剁成边长4至5厘米的方块，红烧至九成熟，加入去壳的“菱米”，大火烧至汤滚，改文火，烧至汤浓起锅。鸡鸭肉喷香，鸭皮肥腻，多数人吃过几块，便都只吃菱米了。与鸡鸭肉同烧的菱米，油腻沾表，肉香入半，清香、粉糯，回味无穷。

茄夹子

沿茄身横向下刀切片，厚度1厘米左右，第一刀切断，第二刀不到底，如此连续切片，使两两相连。将斩碎、拌好调料的猪肉置于两片茄子之间，用筷子夹住，在事先调好的面粉浆里蘸过，入油锅煎熟。茄夹子既有茄子的鲜嫩，又有肉的浓香，上桌之后往往空盘。

胡椒夹子揣肉

选肉质较厚、个头均匀的菜椒（不辣），沿椒柄基部破口，去“筋”、去籽、洗净、甩去积水，将做肉圆的碎肉拌好调料，填至平口，放入锅中，加水、加佐料，汤煮至熟。胡椒夹子的外壳青绿鲜嫩，内馅香味四溢，用以待客，颇受欢迎。

藕夹子

地处水乡泽国，荷莲遍地。中秋八月初，新莲藕上市。赵万村人利用藕做出各式各样的美食，藕夹子就是其中之一。将肉剁馅填到藕片中间，油炸即成，香酥可口。

做这道油炸菜也有讲究，口感各有特色。备料为鲜九孔莲藕与猪肉馅，猪肉馅是按肥瘦相配的肉圆馅调配。先将去皮洗净的藕切为0.6厘米厚的片，在厚片中间锲一刀口、深至藕片的三分之二处；一小半连着，一大半开片，以好填馅料。然后将藕片逐个里外拍上干淀粉，将肉馅一个个往藕夹中填上。另取一大碗，将面粉与鸡蛋、盐、味精、适量的水依次纳入碗中搅拌均匀且上劲。视其稀稠用手抓起脆浆糊下落时成的直线，下面堆叠时为好，开锅放油，油烧至六成热时，逐个投入裹好面浆糊的带馅藕夹。慢慢炸至藕夹表面发硬酥脆、色金黄、水气渐无时，起锅沥油即可。此时可配食醋、椒盐或面酱味碟。

桂花糯米藕

桂花糯米藕在赵万村秋冬是一道特色菜，又可算是一道滋补的时令点心。桂花糯米藕的做法：莲藕洗净削皮备用，糯米泡水半小时以上，备用。莲藕选取比较细的一头，在大约五分之一的地方切开，把切开的两块藕都塞满泡好水的糯米。把两块藕合在一起，用牙签固定后，放进压力锅里，倒上清水，放入冰糖，煮15分钟，压力锅自动排气之后。取一锅子，倒入一些煮藕的汤汁，撒一些桂花进去，勾一个薄芡，将芡汁淋在切好的藕片上，再撒上一些桂花，一份药食合一的桂花糯米藕就做好了。

赵万春卷

赵万春卷的制作，先用面粉加少许水和盐拌揉捏，放在平底锅中摊烙成如小碗口大小圆形春卷皮备用。馅料制

赵万春卷

赵万春卷

的春季时令佳品。

现在春卷皮已改用面粉，馅一般用豆芽、韭菜、豆腐干，有的还放上肉丝、笋丝、葱花等，较高级的春卷则用鸡丝或海蛎、虾仁、冬菇、韭黄等制作而成。因春卷用微火油炸至金黄色，外酥内嫩，故称“炸春”。

南瓜饼

南瓜饼是南瓜结合糯米粉的一种健康美食。先将南瓜去籽、去皮切片放在蒸笼里蒸熟。蒸熟的南瓜趁热用勺子压成南瓜泥，拌入适量白糖，再将南瓜泥和糯米粉以1∶1左右的比例，一点一点加入糯米粉拌和，如果面团太干可加少量清水，直到

作可根据各人喜好来调配。素春卷以荠菜，韭菜为主。另可加入鸡丝，肉沫等进行荤素搭配。因食材的保存方便流通广泛，不拘一时一地。春卷馅更是丰富多味，如海鲜馅，菌菇馅等。将调配好的馅料摊放在皮子上，将两头折起，卷成长卷下油锅慢慢炸成金黄色，外酥里嫩即可装盘上桌品尝。特别春日里以荠菜作馅的素春卷，皮薄酥脆、馅心香软，入口满满油香加春天野蔬鲜，完全是一种完美搭配，让营养及口感都达到有机融合，别具风味，是标准

南瓜饼

拌成南瓜面团，拌到不黏手即可。把面团搓成长圆条，摘分成若干小块，揉圆，压扁成型。用平底锅放少许油，小火将南瓜饼煎至两面金黄即可装盘食用。其饼金黄松软香味四溢，一咬黏黏的南瓜饼口齿留香，是难得的上好农家点心。

涨饼

涨饼是赵万村农家家常食品，旧时有元面饼、小面饼、米饼，分别以元麦粉、小麦粉、米粉制作。市场上有近于农家涨饼的浆饼、米酵饼，口感均不及家制。

20世纪70年代前，赵万村农家夏季晚饭都食米粥。若有所剩，到第二天早上必定变质。勤俭的家庭主妇，便将剩粥倒进盆里，加水，再倒入麦粉或米粉，加冷水（麦粉）或热水（米粉），用筷子搅拌均匀，盆口盖上纱布，任其自然发酵。第二日清晨，倒入少量食用碱（石碱）浸泡的碱水，搅匀之后，就可以做饼。先将铁锅烧热，放少许素油，再用勺子舀出饼浆，沿锅边上口慢慢倒下，让其自然流淌，形成一块块手掌大小、上宽下窄的糁饼。周遭贴满后，锅底放少许冷水，盖好锅盖，文火慢烧。锅底水蒸发殆尽，已是饼香四溢。开锅，将涨饼一一铲出，放入淘箩或筛子，再做下一锅。涨的饼松软香甜，四处飘香，还带酒浆味，所以又称为浆饼。无论哪家做饼，巧妇们都会将浆饼分四邻品尝。

传统“六大碗”

过去赵万村人们家中砌屋上梁、儿子结婚等，都要置办“大席口”（规格较高的宴席）。“六大碗”就是约定俗成的“大席口”规格。

“六大碗”共六样菜，上桌都用大碗盛装，故而得名。六样菜一般都是肉、鱼、狮子头（肉圆），还有一烧（鸡、鸭、鹅、河蚌等任选一）、一炒（多为炒杂菜）、一汤（青菜豆腐汤、萝卜汤、芋头豆腐汤等任选一）。杂菜多用肉片、慈姑、黄芽菜、卜页、大蒜加小河虾。再困难的时期，杂菜不限量，碗浅即添；汤亦如此。其他四菜都是每桌各一碗，没有“添手”。条件差的人家，还在主菜下垫些芋头、萝卜、百叶等副菜。20世纪70年代中期起，村民生活渐渐富裕，宴席规格随之提高，桌上七盘八碟，菜品种类应有尽有，“六大碗”已成为历史。

附：春晖早点

赵万村春晖路上，有一座仿古建筑，位于春晖桥南东畔，东、北两边临水而建，上下三层，乡人习惯称此为“茶楼”，是赵万村百姓早上待客“喝茶”首选之地。

喝茶少不了烫干丝或煮干丝。烫干

春辉茶楼

丝用纯手工卜页，干而有筋道韧性，取其用盐点肉之优点，不失豆香之味。切成火柴棍一般粗细，长约二寸半，入沸水后二沸起锅淋干，配上时令大蒜或芹菜，也可用青椒丝或香菜等，同样过沸水，不要时间长，只需去表面生味即可。二者按八二比例相拌，撒上油炸花生米，点放一小把鲜姜丝，佐以白糖、生抽、麻油等。

煮干丝以百页主要原料，更少不了高汤作锅底。高汤，不同师傅不同调法，有讲究浓，有讲究鲜，但都少不了用鸡汤、猪蹄膀、骨汁汤等。先开锅煸鸡丝、香菇、河虾、海参、笋片，注入高汤，投入卜页丝，同样以大蒜或香菜等入沸汤后，二沸起锅盛入碗内，淋上麻油，轻撒白胡椒粉即可上桌。再配上小碟盘数样，如冰糖红枣，水煮花生、酱生姜、甜蒜头、桂花藕、五香牛肉、海带丝、木耳片等。

喝茶凭各人喜好，有养生八宝系列，也有大壶冲泡小壶品尝的，龙井、金骏眉、铁观音、大红袍、普洱。当地人多喜爱龙井绿茶口味。

现今赵万当地村民吃早茶，主食不再以包子和面条为主，各种传统小吃才是特色，如摊葱花饼、年饼、糍巴，以及老母鸡汤煮烧饼、泡馓子，大碗粉丝荷包蛋或粉丝肉圆等，无不体现水乡早茶的魅力。

早茶系列

烫干丝

早茶餐品

第五篇　精神文明

1986年，党的十二届六中全会发布《关于社会主义精神文明建设指导方针的决议》。赵万村结合自身实际情况，开展思想道德建设和文明宣传教育活动。2000年后，组织开展社会主义荣辱观教育，制定村规民约，引导形成积极向上的良好社会氛围和村民习俗礼仪。2011年，赵万村开展讲文明、树新风系列活动。2011年至2017年，赵万村通过各种形式开展创“三户一村”（遵纪守法户、五好家庭户、双文明户、双文明村）活动，评选出十星文明户82家、文明家庭120家、五好家庭111家。村级集体被张郭镇政府表彰为文明单位。涌现出沈德刚、汤恒跃、吴玲等一批文明标兵、道德模范。赵万村于2005年、2013年、2015年获评泰州市文明村；2012年、2016年获评江苏省文明村；2017年11月获评第五届全国文明村。

文明家庭

文明创建

20世纪80年代，赵万村开展五讲（讲文明、讲礼貌、讲卫生、讲道德、讲秩序）四美（心灵美、语言美、行为美、环境美）三热爱（热爱中国共产党、热爱祖国、热爱社会主义）活动，引导村民树立正确的道德观。

20世纪90年代，赵万村在加快经济发展的同时，突出思想道德建设，着力培

美德善行榜

精神文明宣传教育

养“四有”新人，通过文明家庭、文明户创建活动，以先进典型引导，全面提高村民综合素质。

2011年至2016年，赵万村通过各种形式开展创“三户一村”（遵纪守法户、五好家庭户，双文明户、双文明村）活动，涌现出85户先进“三户”。在争创文明家庭活动中，有116户被评为文明清洁户和幸福家庭。

2016年，以创建五好文明家庭为主题，倡导“五讲四美三热爱”的家庭道德建设、和谐家庭建设，以及平安家庭创建，利用宣讲组的形式，以在创建中涌现出来的先进人物、先进事例为楷模，通过社会公德教育及职业道德教育，开展争创好婆媳、好家长、贤内助、五好文明家庭，不定期在村会议室进行社会主义核心价值观宣传教育，引导村民讲诚信、守规矩，发扬见义勇为、助人为乐、拾金不昧的新风尚。村中五好文明家庭及十星文明户不断涌现，为敬老院义务服务争先恐后，孝敬老人蔚然成风。

截至2017年，赵万村评选出十星文明户82家、文明家庭550家、五好家庭546家。

赵万村文明家庭明细表（截至2017年）

表23

赵万区域名称	十星文明户	文明家庭	五好家庭
赵东	26	130	136
赵西	16	125	127
农科	8	45	26
南甸	16	125	125
戴垛	16	125	132
合计	82	550	546

典型家庭

曹晓霞家庭 曹晓霞，女，1976年8月出生，在兴化市双龙公司任会计，丈夫在张郭镇一家企业当会计，儿子在校读书。这个三口之家是张郭镇的普通家庭。2014年年初，她从慈善协会得知周家村有一贫困儿童小李，主动与村里联系，了解儿童的实际生活状况，表示要奉献自己的一份爱心。

2014年1月，村支书陪同曹晓霞来到周家村的小李家看望慰问。小李，当年8岁。在其1周岁时，母亲丢下小李离家出走，从此杳无音信，依靠外公外婆抚养。2010年，其外公肝病突发，本就贫困的家庭雪上加霜，曹晓霞当即和村里签订长期资助协议，资助小李今后的基本生活和学费，直至大学毕业。在曹晓霞的关心和资助下，小李健康成长。曹晓霞家庭也被赵万村评为十星文明户。

赵京春家庭 赵京春，赵万村赵西区域人，退伍军人，在上海经商。赵京春在家排行老四，他二哥夫妇都是残疾人，且年老体弱。20多年来，赵京春一直帮助二哥家，给钱送物，从未间断，还帮助侄儿购房结婚，兄弟之间感情深厚，和谐安宁。他说："社会和谐必须家庭和睦，兄弟互助是应该的。"赵京春家庭被赵万村评为五好家庭。

沈德刚

赵万村南甸区域人，兴化市第十三届政协委员。在改革开放大潮的推动下，沈德刚带着全家人在昆山经商办公司。事业成功。沈德刚不忘家乡，反哺父老，多次对赵万村困难家庭，“五保”老人援手相助。2017年春节，沈德刚慰问困难户62户，发放帮扶款24800元。

沈德刚家庭

戴鼎祥

赵万村戴垛区域人。戴鼎祥乐于助人，数十年如一日，不管寒冬腊月，还是白天黑夜，只要群众一个电话，总能及时赶到群众家中，利用维修技术，为村民排忧解难。他总是说："人这一辈子要多做好事善事，帮助他人是一名共产党员应尽的义务。"

汤日扣

赵万村南甸区域人。1997年，汤日扣在浙江宁波创办公司，企业在他的经营下，不断发展壮大。汤日扣致富不忘回馈社会，热心公益事业。自2007年起，每年捐出2000元，资助赵万村低保贫困户。在他看来，"帮助他人是一种快乐，如果每个人都能尽一点绵薄之力，社会将更加和谐"。

王久寿

赵万村南甸区域第三村民小组人。1990年，王久寿在苏州组织水上运输船队从事建筑材料运输，经济收入不断提高。他富不忘本，回报家乡。1995年，为赵万村安装自来水管道捐款1万元。1997年，赵万村特困户曹某某患严重尿毒症，无钱医治。王久寿听说后，立即为其捐款，并奔波于各厂各户，帮助筹集资金，联系苏州医疗专家为其治病，将其从死亡线上拉了回来，体现了乡亲邻里之间的友爱互助。

江飞舟

1962年生，赵万庄古井巷人。中共党员，大学文化，研究员，高级工程师。1978年，江飞舟考入扬州工业专科学校机械专业。1983年，毕业后分配到连云港职业大学任教。曾任淮海工学院机械工程学院兼职教授、连云港职业技术学院机电工程学院院长。

江飞舟从小在赵万村长大，他不忘家乡养育之恩，心念父老耕作之苦，关心赵万村发展。2001年，江飞舟捐赠一台价值30万元的久宝田收割机给赵万村。

汤广伦

赵万村（时南甸村）人。大学毕业后一直在南通市工作。20世纪70年代，家乡办工厂、搞基建需要材料物资，他全力帮助协调解决。其后常年关心赵万村发展，尽力为家乡贡献力量。

汤广伦不仅重乡情，也重亲情。在家务农的大哥大嫂，年老多病没有收入，他一直负责赡养大哥大嫂。侄子侄孙常年生病，去南通看病住院所有费用都是汤广伦负担。为了他大哥一家，他几乎花光所有积蓄，但他一如既往，无怨无悔。

葛汝山

1958年出生，赵万村赵西区域人。2017年1月30日，他起早到公园跑步，看到花草丛中有一只女式手提包，打开后发现里面有银行卡、金银首饰和若干现金，预计有数万元。葛汝山没有犹豫，立即打电话报警，在警察的帮助下找到失主。

2017年秋，葛汝山到董吕村一企业帮助砌工业淬火炉，在厂外路边捡到一只皮夹，里面有现金若干，还有银行卡、支票、账单等。后听说是该企业负责人丢失，立刻告知情况。失主非常感动，当即从皮夹里抽出5000元要酬谢他，葛汝山婉言谢绝。

徐学冬获评“年度勇士”

徐学冬

1976年生，赵万村赵东区域人。2005年，徐学冬到浙江永康从事五金配件销售。2016年6月，徐学冬加入浙江省永康市千喜救援队。永康市千喜救援队是经永康市民政局注册，由永康市团市委领导的一支纯公益救援队，是110应急联动单位，擅长水上救援、山地救援、城市搜救、安全教育培训、大型活动安全保障等。徐学冬在永康十多年，对永康的大街小巷、山川河流非常熟悉。自加入千喜救援队以来，一直勤学苦练救援技能，积极出勤，在多次艰难的救援任务中发挥出色，成为该队监控组和城市搜寻的核心力量。2017年度，被评为“年度勇士”。

徐学冬也是顺风车会员，只要一有时间就参加公益活动，连续4年参加顺风车高考无偿接送服务。

2017年12月5日，救援队接到求助，马架龙村64岁的独居老人于2日晚上走失，亲友搜寻几天都没能找到老人，请求帮助寻找。徐学冬和监控组的队友们奔波于派出所和私人监控之间，终于在4天后，通过一饭店监控查询到老人走失路线，最终找到老人。

多年来，徐学冬只要收到出勤消息，

就奋力参与救援第一线。他的勇敢、坚毅、细致与耐心，令队友们深深折服和敬佩，也得到领导们的认可和赞赏。徐学冬被永康江南派出所以及江南街道授予“见义勇为”称号。

汤广凡

1954年2月，一天傍晚，天气阴冷，北风呼啸。南甸村西小道上5个妇女带着1个四五岁的小男孩到西村访亲。回程路上，走到庄西的木桥时，因桥身年久失修，不堪重负，只听“咔嚓”一声桥桩折断，桥板下落，6人同时落水。河面有40多米宽，情况十分危急。在西场上浇菜的汤广凡听到呼救声，立即赶来，跳下冰冷的河水，站在齐腰的水里，先后救起6人。

汤恒跃、吴玲夫妻

汤恒跃，南甸区域人，是戴南高中数学教师，妻子吴玲是该校英语老师。2014年，汤恒跃主动申请援藏。期满后，他申请再援藏两年，而同为教师的妻子吴玲受他影响，留下两个年幼的孩子，夫唱妇随，也来到西藏支教。

去西藏时，女儿才开始读二年级，儿子才上幼儿园。这些年，他们缺席了孩子的成长，不能常与他们分享快乐、分担忧愁，连女儿参加比赛都没能帮她选一条新裙子。吴玲说：“虽然想孩子，想家，但我和汤恒跃从没后悔过自己的选择。”

作为援藏教师，汤恒跃和吴玲时刻铭记着自己肩上的使命，不仅做好教学工作，还在生活方面帮助学生。汤恒跃班上有个叫达顿的学生，家离校50多千米路，且很贫困，学校放假他一般不回家。汤恒跃不但每月资助他200元生活费，到周末还带他到教师食堂一起就

汤恒跃、吴玲获评“中国网事·感动2019”十大年度网络人物

餐。暑假前夕，达顿得知汤恒跃要回江苏，将家里珍藏多年的“转经筒”送给老师，祝福老师平安吉祥。

支教期间，丈夫汤恒跃3次被拉萨市委、市政府联合授予拉萨市优秀援藏教师；2016年，被评选授予拉萨市“青年五四奖章”；2016年7月，获拉萨市第七批优秀援藏干部荣誉称号；2017年当选江苏好人。妻子吴玲先后两次被拉萨市委、市政府表彰为拉萨市优秀援藏教师。2017年8月，江苏省省长吴政隆带领党政代表团赴藏交流期间，汤恒跃作为援藏教师代表参加交流会，吴玲作为援藏教师向代表团汇报援教工作。

章德进

赵万村有一条夹河，河道上有一座20世纪50年代建成的木板桥，80年代后，因年久失修已成危桥，曾发生过小孩掉河淹死的痛心事件。1985年，章德进月收入只有几十元钱，毅然慷慨捐资一万余元，重新建设此桥。桥梁建成后，村里要将此桥命名为“德进桥”，章德进不想彰显个人，将该桥命名为“建安桥”。桥名一直沿用至今。后章德进虽然故去，但“饮水不忘掘井人，行路当记修桥人”，村民们每逢谈及此事，都念念不忘捐资建桥的章德进。

道德讲堂活动

创建成就

文明村

2000年后，赵万村组织开展文明村创建活动。2005年，赵万村获泰州市文明村称号。2012年，赵万村被省精神文明建设指导委员会授予江苏文明村称号。2013年，赵万村把文明礼仪作为提升村民素质突出内容，在全村开展文明礼仪系列活动，通过讲座、电影、农民画、墙报漫画等形式，推动文明礼仪教育。号召村民做维护自然、生态环境的主人公，自觉养成垃圾不乱倒、不乱丢、不乱贴乱画、不随地吐痰、爱护公共设施的好习惯。通过广泛宣传落实，出现不

村文明宣传处

少先进集体和先进个人。2013年、2015年，赵万村获泰州市委、市政府授予的泰州市文明村称号。

2016年，赵万村党委倡导“讲文明、树新风、促和谐”创建良好的社会新风尚，成立以党委书记为组长、全体村干部为成员的文明创建领导小组。召开村民代表大会，制定《赵万村村规民约》，印发到村民手中。在此基础上，组织全村党员干部学习，发挥党员干部的先锋模范作用，从自己做起，带头遵守村规民约。在全村村民中开展村规民约知识竞赛活动。全村文明之风盛行，家庭成员之间、邻里之间、干群之间和睦相处，相互关爱。2016年，赵万村被省精神文明建设指导委员会授予江苏省文明村称号，获兴化市委、市政府颁发文明村标兵称号。2017年，赵万村获全国文明村称号。

滨河通道文化墙

文明单位

2015年，村党委在村私营企业、个体工商户中开展新长征突击手及文明个体工商户创评活动。组织干部职工争先创优，全心全意为企业着想，不偷工减料、不粗制滥造、团结友爱、积极向上。组织蔬菜市场交易的职业道德宣传教育，做到不欺行霸市、不短斤少两、合法经营。通过宣传学习，推动个体户职业道德、思想道德建设和自身形象的提高，净化行业风气，营造良好社会环境。2015年，赵万村获兴化市委、市政府授予文明单位称号。

赵万村便民服务大厅

赵万村历年荣誉称号一览表（截至 2017 年）

表 24

时间		荣誉称号名称	颁授单位
年份	月份		
2005	5	泰州市文明村	泰州市委、市政府
2006		全面小康建设十强村	泰州市委、市政府
2006		双拥工作模范村	兴化市委、市政府
2007		全面小康十强村	泰州市委、市政府
2007	2	绿色江苏建设模范村	省林业局
2007	12	泰州市民主法治村	泰州依法治市领导小组、泰州市民政局、泰州市司法局
2008		农村环境治理工作先进村	兴化市委、市政府
2008		综合先进村	张郭镇政府
2008	12	泰州市关心下一代工作“双创”活动先进村	泰州市关工委
2008		全面小康建设十强村	泰州市委、市政府
2009		先进基层党组织	张郭镇党委、政府
2009	12	江苏管理民主示范村	江苏省民政厅

时间		荣誉称号名称	颁授单位
年份	月份		
2010		社会保障工作先进村	张郭镇党委、政府
2010		环境优美创建先进村	张郭镇党委、政府
2009—2010		先进基层党组织	张郭镇党委、政府
2009—2010		文明标兵村	张郭镇党委、政府
2011	6	泰州农村党风廉政建设示范村	泰州市委、市政府
2011	3	江苏省民主法治示范村	江苏省依法治理领导小组
2011		综合先进村	张郭镇党委、政府
2011		江苏省社会主义新农村建设先进村	江苏省农村工作领导小组
2012		综合先进村	张郭镇党委、政府
2012		创新争优先进基层党组织	张郭镇党委、政府
2010-2012		江苏文明村	江苏省精神文明建设指导委员会
2012	12	人口计划基层群众自治示范村	国家人口计划生育委员会、江苏省计划生育协会
2013	6	规范化建设示范村	泰州市委组织部
2012-2013		先进基层党组织	张郭镇党委、政府
2013		综合先进村	张郭镇党委、政府
2013		全面小康建设示范村	泰州市社会主义新农村建设工作领导小组
2013	7	泰州市文明村	泰州市委、市政府
2013-2014		文明标兵村	兴化市委、市政府
2013-2014		先进基层党组织	张郭镇党委、政府
2014		综合先进村	张郭镇党委、政府
2015	5	泰州市文明村	泰州市委、市政府
2015	5	综合先进村	张郭镇党委、政府
2016		综合先进村	张郭镇党委、政府
2016	6	先进基层党组织	泰州市委、市政府
2016	9	江苏文明村	江苏省精神文明建设指导委员会
2016		强富美高新农村建设十佳示范村	泰州市委、市政府
2017		综合先进村	张郭镇党委、政府
2016-2017		十佳先进党组织	张郭镇党委、政府

时间		荣誉称号名称	颁授单位
年份	月份		
2017		双拥工作模范村	兴化市委、市政府、市人武部
2017	11	全国文明村	中央精神文明建设指导委员会
2017		十佳先进基层党组织	张郭镇党委、政府

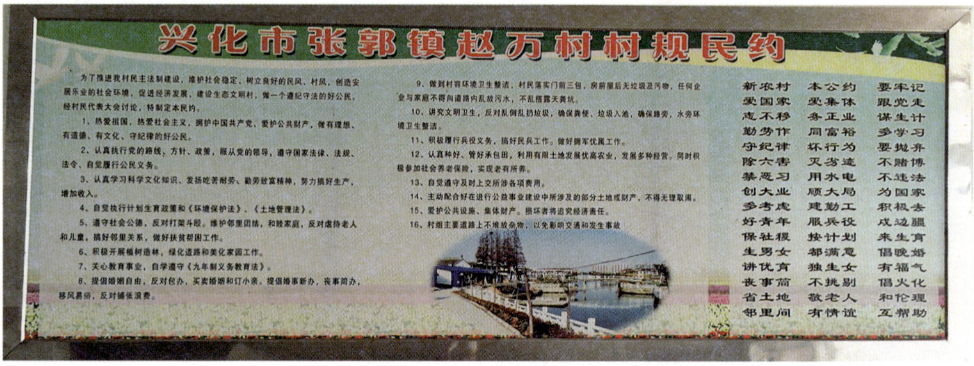

赵万村村规民约

附1.村规民约

为推进赵万村民主法治建设，维护社会稳定，树立良好的民风、村风，创造安居乐业的社会环境，促进经济发展，建设生态文明村，人人都成为遵纪守法的好公民，2013年3月，经村民代表大会讨论制定本民约。

热爱祖国，热爱社会主义，拥护中国共产党，爱护公共财产，做有理想、有道德、有文化、守纪律的好公民。

认真执行党的路线、方针、政策，服从党的领导，遵守国家法律、法规、法令、自觉履行公民义务。

认真学习科学文化知识，发扬吃苦耐劳、勤劳致富精神，努力搞好生产，增加收入。

认真执行计划生育政策和《环境保护法》《土地管理法》。

遵守社会公德，反对打架斗殴。维护邻里团结，和睦家庭，反对虐待老人和儿童。做好扶贫帮困工作。

积极开展植树造林，绿化道路和美化家园工作。

关心教育事业，自觉遵守《义务教育法》。

提倡婚姻自由，反对包办买卖婚姻和订娃娃亲。提倡婚事新办，丧事简办，移风易俗，反对铺张浪费。

做到村容环境卫生整洁，村民落实门前三包，屋前屋后无污染垃圾污物。任何企业与家庭不得向路边河道排放污水污物，不搭露天粪坑。

讲究文明卫生，不乱倒乱扔垃圾，保证路边河道卫生整洁。

积极履行兵役制义务，搞好民兵工作，做好拥军优属工作。

认真种好、管理好承包田，利用有限土地发展优质高效农业，发展多种经营。同时积极参加社会养老保险，实现老有所养。

及时上缴所涉各项费用。

主动配合好在公益事业建设中所涉及的部分土地或财产，不得无理取闹。

爱护公共设施集体财产，损坏者将追究经济责任。

村组主要道路上不得堆放杂物，以免影响交通和发生事故。

2013年3月

附2.村规民约三字经

新农村　本公约　要牢记　爱国家
爱集体　跟党走　志不移　务正业
谋生计　勤劳作　同富裕　多学习
守纪律　坏行为　是违法　要抛弃
除六害　灭劣迹　不赌博　禁恶习
创大业　顾大局　为国家　用水电
多考虑　建勤工　积极去　好青年
服兵役　守边疆　保社稷　按计划
来生育　生男女　都满意　倡晚婚
讲优育　独生女　有福气　丧事简
不挑剔　倡火化　省土地　敬老人
和伦理　邻里间　有情谊　互帮助

2013年3月

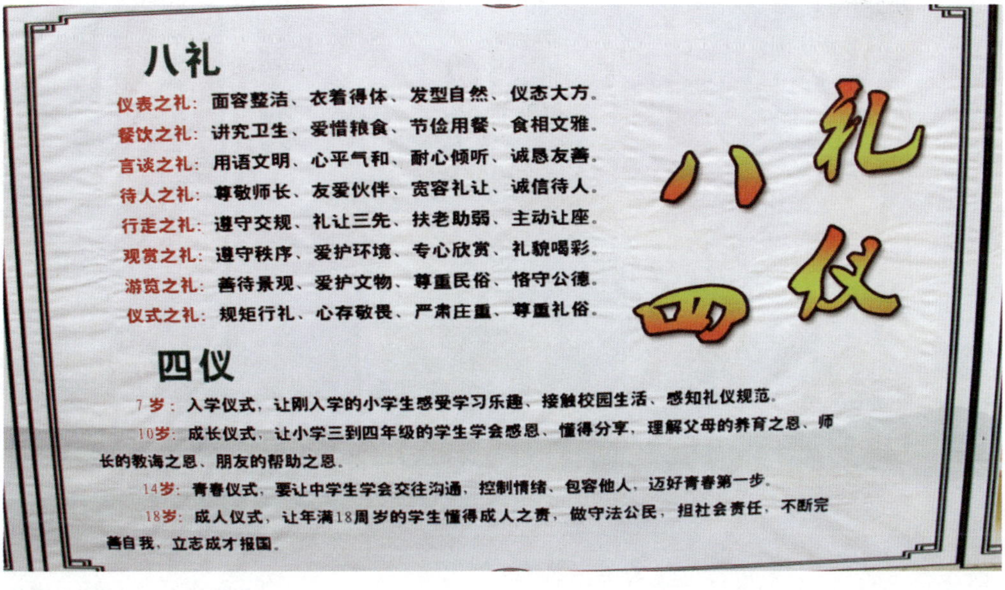

赵万村精神文明宣传栏

附3.村民公约

遵纪守法，维护秩序，见义勇为，弘扬正气。

邻里团结，扶弱助残，家庭和睦，爱幼敬老。

公用楼道，不准乱堆，垃圾杂物，严禁高抛。

公共设施，严禁侵占，栽树种花，注重环保。

晾衣种花，水不下滴，饲养宠物，处处管好。

车辆停放，规范有序，不乱吐痰，爱护环境。

崇尚科学，勤读书报，家庭学习，提高素质。

健康生活，计划生育，书画文娱，陶冶情操。

文明礼貌，助人为乐，关心集体，热心公益。

2013年3月

村庄文明宣传

第六篇　村落文化

赵万村落形成于明清时期。传说先民因“洪武赶散”，从苏州一带迁移至此，故文化特色、文化底蕴与苏南地区类似。在600多年历史中，其文化内涵、文化特质、文化价值呈现出不同的特色。赵万村植根于传统农耕社会的村落文化，结合当地的水土风物，在长期的生产劳动中，以种地劳作和自身娱乐为中心，形成独特的地方风俗文化。

中华人民共和国成立后，随着经济的发展，社会的进步以及村民生活水平的不断提高，赵万村的群众文化生活日趋丰富多彩，各类音乐、美术、舞蹈、健身操等新型文体活动，愉悦了赵万村村民的身心。

故事传说

村庄沿河风光

龙沟的传说

明朝初年，朱元璋为使江山稳固，派太史令刘基（刘伯温）到江北巡察，查访移民情势，看看有无图谋不轨之徒。

刘伯温青衣小帽，只带随从数人，装扮成风水先生的模样，微服私访。一日下榻在海陵客栈，登楼北望，只见茫茫一片，云缭雾绕，浩渺无际。刘伯温通晓阴阳易理，他看到苍茫之内有紫雾升腾，甚为诧异。难道此地有真龙出现？想来必有蹊跷。

翌日在客栈，偶然听人谈起海陵东北90里有一处叫作赵万庄的地方，百姓团结心齐，挖沟通渠，垦荒种地，其场面颇为壮观。

这人讲的是方言，刘伯温将“赵万庄”误听作“造反庄”，心中一惊：这还了得，有人造反？刘伯温不敢怠慢，赶紧棹舟北去。一路顺着紫雾升腾的方向，来到一处村庄，这里花木成排，绿树成荫，稻菽飘香，村庄阡陌井井有条。

细一打听此处原来叫作赵万庄，不是什么“造反庄”。刘伯温弃舟登岸，一路走来，看到这里鸟语花香，气象万千，确是不同寻常。他找到紫雾升腾的地方，看到有数百村民在挖沟引水，号子声声，连天介响，场面确实壮观。

连续三天，挖沟不止，就是没有进展。刘伯温近前打探，村民告诉他：“很是奇怪，我们已经挖了五六天了，到晚收工，第二天所挖之土依然如故，不知何因？”刘伯温心中有数，他取出袖内用黄元纸所画的符咒，吩咐村民，收工时将此符贴于锹柄，草鞋挂于其上，再将铁锹插进土中，然后回家歇息。“保你明天水来渠成”。这些村民不知就里，依其吩咐。

第二天，村民来到工地，看到一夜间沟渠已成，盘盘旋旋足有五里之远，往东而去，但见沟渠内水色殷红，有如血水一般。从高处看去，五爪龙形隐隐可见。

幸福河

龙头在蒋庄东边的泰东河口，龙尾在赵万村一个叫“四十亩石碑”的地方，一直东去。遂将此沟命名为龙沟，一直延续至今，就是现在的张郭镇镇政府向东的一条河。刘伯温害怕“龙抬头”，又在江北建造“九寺十八堡”。

赵万民风淳朴，崇文尚贤，六百多年来赵万村人战天斗地，不畏艰辛困苦，发扬“龙”的精神，把蛮荒之地建设成如今的人间乐园。

赵万庄请人——没礼拘

历来赵万地区村民请客，在安排座位前都会打趣地说上这么一句话：“大家坐啊，赵万庄请客没礼拘（礼矩）”。此话一出，气氛立即轻松自然起来。

一百多年前，赵万庄赵氏第十七代“礼”字辈有个叫赵礼矩的，邻居家办喜事宴请宾客，同时也安排恭请了他。他来的稍微晚了点，其他人都到了，主人在安排座位，说了一句：“大家坐啊，随便坐啊，不要拘礼，没得礼拘！”正好这时赵礼矩走到大门口，只听到说：“大家坐啊，没得礼拘（矩）！”这个叫作“礼矩”的听后随即返回，一边走嘴里还一边叽咕：“乖乖，好在没进去，要不然就尴尬了。”

宴席开始，主人查点宾客，发现赵礼矩没来，赶紧派人去请，他还是不来。主人很是纳闷：不对啊，我们平时没矛盾啊，我早上约了他啊，哪里得罪他了呢？之后主人又亲自去请，这时赵礼矩才说出原因：“我走到你家大门口，明明听到你说“大家坐啊，……没得礼矩”，既然没我，我还去吃什么？”主人一听哈哈大笑，原来此“礼拘”非彼“礼矩”，一场误会，并向他做了解释，请他来入席。

这个笑话一传十，十传百，很快传遍了周围的庄子。过去上江南罱泥的人多，很快也传遍江南。一百多年前的笑话，一直传至现在。现在村里人家请客安排座位时还经常说这个笑话打趣：“大家请坐啊，赵万庄请客，没得礼拘（矩）。”

省一公的故事

明初，朱元璋建都应天（南京），以移民垦荒为由，将江南苏、松、杭、嘉、湖等地40余万人丁驱赶到江北补缺，这就是历史上的“洪武赶散”，也就是现在江北许多村镇的由来。

苏州阊门是水陆交通码头，明初往江北移民都是分批从这里集中出发的，所以现在很多苏北人都说自己的祖先是从苏州“阊门”来的。

当时北向移民中就有赵氏三弟兄，名叫省一、省二、省三，他们拖家带口，往江北择地垦荒。弟兄三人日夜兼程，一日来到一大片荒地，到处是芦苇蒿草、野鹜水鸟。三兄弟赶忙上岸插好草标，搭了窝棚，留下一份粮食种子、日用器具，老大安排老三夫妻在此留下，又到船上请来一尊慈航大士像，叫老三好好收藏，留作日后质对。这里就是现在的开家庄。

留下老三夫妻后，老大和老二上船继续往北而去。一天工夫到了一处地方，这里有高地有水泽，弟兄两个赶紧上岸插好标记，又往北去。一天的工夫又看好一处，弟兄二人先插好草标，然后搭好窝棚，留下一份粮食器具、种子，老大安排老二夫妻留下，同时留下一尊慈航大士像，叮嘱老二夫妻：好好垦荒种地，抚养好侄子、侄女，你和老三两家一南一北，我居中，相互照应。嘱咐好老二，老大赵省一又重新回到前天插标的地方。老二这里就是现在的“荻垛镇”，而老大那处就是现在的赵万村。

赵省一时年五十。赵公体魄魁伟，夫人宋氏，育有三男二女，全都随父来江北垦荒。他率领儿女们起早贪黑，人人动手，开沟覆土，搭建房舍，栽树植柳，种蔬育果。经过他们及后人持续几十年的垦荒，农田面积逐步达到几百亩，赵万村初具规模。

在赵万庄《赵氏家谱》中是这样记述的：始祖省一公，宋裔也，南渡吴郡传至明初，始隶扬籍，本由苏郡而迁，公乃兄弟三人，公居长，讳省一，其次讳省二，又其次讳省三。曩日公偕弟二人，江北择地迁居，铸金身慈航大士像一样三尊，临行各请一尊，供家堂神前，遗留后人世守勿弃，同为质对，以示一本之亲也。兄弟析居为三，一支居荻垛，一支居开家庄，而公一支于斯土，托始焉地，因以姓氏名曰赵万庄。始祖妣名无传，合葬本境东北石牌（碑）下（现镇政府所在地）。

赵方来的传说

相传以前赵万庄有一人，名赵方来，排行老三。上有两个哥哥，名赵有朋、赵自远，弟兄三人的名字出自《论语》“有朋自远方来，不亦乐乎。”

方来自小习武，以力大闻名，为人憨厚笃实。一年大旱，村里乡绅组织人去河边把码头周围淘一淘。当时淘的一个码头就在赵方来所居住的巷子北，这处还有个名字叫“堑塘”，淘河的人当中当然少不了赵方来。

在挑挖河土的过程中，有人挖出一片石磨，100斤左右，圆滚滚的，上泥罱子挑，一头重一头轻的不好配重，两人抬吧，又不好抓手着力。

赵方来从别处插了过来，嘴里只说“你们让一下！”待众人闪到一边后，赵方来在石磨旁扎好马步，拿起手中的铁锹往石磨底下一抄，一运气一扬声“去吧！”就把石磨擢得飞了起来，直接飞到河坎上，骨碌碌地打了几个转才停下来。

再看赵方来，脸上并无得意之色，却

是眉头渐锁，面色发白，虽然人是拄锹而立，腰却微微躬着，一手捂在腹部。感觉肚子有点疼。有一旁看热闹的年长者说：你莫不是伤了力了？众人都关切地劝赵方来回家休息。方来被人劝回了家，躺到床上，不免胡思乱想起来。

和他一起干活的人，将赵方来在河边一锹把石磨擢上岸的事传了个遍。传着传着，说赵方来擢石磨的时候用力过猛，把肚肠子给震断，人躺在家里要死了。好事村民纷纷到他家看望。来的人多了，连方来自己也相信昨天是用力过猛，把肠子给震断了，马上要死了。

一想到要死，赵方来心里有点不安，棺材还没准备呢，趁自己还没死，去把棺材买回来吧，省得家里人到时候劳师动众多花钱。于是赵方来和家里人打了招呼，自己去溱潼街上买棺材。走了二十几里路到溱潼，找到一家棺材铺。

棺材铺老板看方来一个人，于是和方来约定：从我店里你把棺材背上身，直至你到家，不许棺材离身，一搁下来就算你输。我派这个伙计跟着你，你输了，棺材钱一分不能少，还要给我的伙计发一天工钱。你输了，他就把钱带回来；你赢了，伙计就空身回来。

为了增加重量，棺材铺老板又在空棺材里暗暗放了两桶生漆，就算赵方来发现，他也有话好答。因为以前人家置办棺材，都是生前准备好，每年都刷一遍生漆，有时能在家里放上十几年，刷上十几遍的漆，一层又一层，越多遍数防腐效果越好，所以买棺材送漆是合理的。

这赵方来背上棺材就走，后面跟着棺材店的伙计。一路走来，到了罗顾庄。天已渐黑，恰逢罗顾庄有人家请戏班子唱戏，赵方来不由得心痒痒，循着声音找到戏台前，背着棺材看戏，还不时地踮起脚尖，生怕漏掉一个场景，看到精彩处还哈哈大笑。

戏看完，方来背着棺材回到赵万庄，气定神闲，肚子也不疼了。赵方来没花一个铜板，白得一具棺材、两桶生漆，另外还看了场戏。

在赵万庄，方来力大无穷，擢石磨和背棺材看戏的传说，传了一代又一代。赵万村有一条巷子因他得名。

村老年票友演出的淮剧《腊月雷》

农耕时期，虽然物质生活匮乏，但赵万村村民们总能苦中作乐。每逢过年过节，村子里都搭台唱戏，一般都是唱地方戏，剧种以淮剧为主，也有唱扬剧、锡剧。内容有《秦湘莲》《珍珠塔》《王宝钏》《腊月雷》《一家人》《王老五》等。此外，也有不搭台唱的小节目。

改革开放后，赵万村村民们生活条件提高，开始追求精神生活。看电影，组织票友活动，跳广场舞，文娱表演等精彩纷呈，各类民间文艺也焕发出生机。

唱凤凰

篾匠用篾片扎成凤凰形状，上面糊上彩纸，再用一竹竿挑住纸糊的凤凰一上一下的晃动，像飞的样子。锣鼓一停，一个人领唱，然后一群小姑娘和唱：锣鼓一打响当当，拜年来到贵府上，儿子当兵在前方，后方人民得安康！

领唱：锣鼓一打格嘈嘈，老板花钱贴得高，贴得高来贴得高，金银财宝往家招；和声：嗨嗨哟，金银财宝往家招！

领唱：锣鼓一打咚咚响，凤凰来到

你府上，生下儿孙状元郎，去到京城伴君王。和声：嗨嗨哟，去到京城伴君王！

踏车号子

过去往地里车水的时候，一部脚车六个人踏，三个人歇着，共九人，轮番休息。其中一人领唱号子，其余人和唱，领：嗨嗨哟哈嗨嗨哟。和：嗨嗨哟哈嗨嗨哟。领：嗨嗨。早上起来露水多，梳头打扮嗨嗨哟哈嗨嗨哟，送情（嗨）哥。和：嗨嗨哟号嗨！到此为一段落，稍息接着反复前面的声调：我送情哥二三里，情哥送我里把多，满帮花鞋跑湿了，怎能回家见公婆？年纪虽小计谋多，就说下田望秧稞，早稻田里要车水，晚稻田里杂草多，黄豆已经挂了牌，芝麻田里开花啰，公婆听了笑哈哈，夸我勤劳会持家。

崴花船

扎匠用小竹竿，篾片扎成小木船的形状，上面用红绿彩布装饰，中间一漂亮的妇女打扮时髦，双手提着花船一摇一摆做行走状，一对化装成老者的夫妻，手拿木桨或竹篙子，一边行走，一边插科打诨。男：老婆子，加把劲，前面到哪里了？女：死老头子，你眼瞎啦，你不看到那上面的字吗？张郭镇镇政府。旁边姑娘们和唱：过了一山又一山，前面到了凤凰山，凤凰山上样样有，缺少芍药共牡丹。小小呀，花船呀，两呀两头尖。

小小花船两头尖，一路行来一路歌，哥在艄后摇棹橹，妹在船头上面坐。过了一山又一山，前面到了凤凰山，凤凰山上样样有，缺少鲜花共牡丹。

打莲湘

一般都是小姑娘们过年过节的时候表演，分成两队、四队、六队，用一米长左右的竹竿，上面掏空七八个孔洞，每个孔洞内串几个铜钱，表演的时候一边跳舞一边挥动，在演员相互之间和自己的身上击打发出声响。要动作一致，声音一致，唱腔清脆悦耳，且演员的舞姿优美，童音清脆，配上舞动时铜钱发的窸窣声很是好听。舞蹈时不断改换动作变动队形，一边跳一边唱：正月里来是新春，家家户户点红灯，猪呀羊呀送到哪里去，送给那前方的解放军，嗨呀孩童花，嗨呀孩童花，送给那前方的解放军。

说书

说书人手持一把折扇，一桌，一椅，右手持一长方木块曰醒木，说书前右手将醒木往桌上猛一按——“啪”，“话说天下大势，分久必合，合久必分”。说书人须具备“生、旦、净、末、丑及口技的本事，说学逗唱，绘声绘色，惟妙惟肖，将世事百态用语言表述得入木三分。听

晨秀园内的票友活动室

书人也是全神贯注，很是投入。

新时代文化娱乐

赵万村民间传统文化多姿多彩，改革开放后的新时代文化更是灿烂夺目，五彩缤纷。赵万村内有影剧院、文化站、文化广场、影视定点放映场、老年活动中心。有书画文联、武术协会、舞蹈健身协会。张郭镇镇政府每年都组织村民举

文化惠民演出

农民锣鼓队排演

办各种文化娱乐活动。赵万村舞蹈队表演的舞蹈节目还登上了中央电视台。

文体表演　赵万村金凤凰舞蹈队是村民业余爱好者自发组织的舞蹈队，所有经费道具都是自筹，平时也是边学习边健身，有活动就参加表演。

2017年8月，央视综艺频道节目主持人孙靖涵看到网络上的表演视频，特邀赵万村金凤凰舞蹈队进京参加由央视综艺频道举办的文化艺术周展演活

全民健身日汇演

金凤凰舞蹈表演

动。2017年11月11日，赵万村金凤凰舞蹈队在央视大舞台一展舞姿，取得优异的成绩，获得由央视文艺部颁发的“银靴奖”。

书画创作　赵万村村民赵信彪自幼酷爱绘画，自学中国传统山水画，先拜中国彩墨山水大师曾刚先生为师，学习彩墨山水画，继而研习施云翔、程振国、徐卫国、张延东等大师技法，感悟尤深。2016年，参加中国人民大学山水画高研班，由导师任泽涛面授。其作品多次在省、市大展中获奖。

赵信彪创作的山水画

赵信彪创作的山水画

武术健身 为了强身健体，磨炼意志，赵万村村民们爱好武术。各门派的太极拳，各种冷兵器，刀、枪、剑、棍，无所不练。夏练三伏，冬练数九，从不间断。赵万村成立武术协会，参加人员有60多人。连年参加省市体育局武术协会组织的各种武术赛事活动，取得优异的成绩，在泰州地区镇村体育活动中名列前茅。

村民们在晨练太极拳

太极剑表演

传统太极枪

附：诗文创作作品选介

1 妈妈，我心中的太阳（赵继红）

93年前，你诞生在一个私塾先生的家庭。15岁时，你的父亲去世，接着一场大火烧得你家片瓦不留。你小小年纪早当家，不仅要烧饭、种田，还要帮助你那小脚母亲拉扯3个弟妹。没有饭吃，你吃过野草观音土；没有寒衣，姐妹4人钻草窝。那种日子，苦得像黄连。

19岁那年，你的母亲将你嫁给共产党的乡长赵京甲。1944年深秋的那一天，一台花轿将你送进赵家的大门。那时候的你，身穿花红袄，头梳长辫子，黄花闺女，亭亭玉立。谁能料到呀，你结婚才只有88天，一场灾难就降临。

1945年，正月十五那一天，你在厨房烧早饭，一群汉奸冲进来，抓走你的丈夫赵京甲。汉奸将他吊在庄后庙的大梁上，严刑拷打，逼他投降。赵京甲，我的爸爸，浩气凛然，视死如归！就在这天下午，他献出了宝贵的生命。他没有流泪，村里的老百姓为他哭泣！他没有遗嘱，只留下“二十年后我还是英雄好汉”的豪言！

爸爸牺牲后，你回娘家住，与舅舅一家相依为命。这一年的十月初三，离我爸牺牲8个月零18天，你在兵荒马乱中生了我。我的出世害苦了你！如果没有我，也许你能重组一个幸福家庭。为了我，你从19岁开始守寡；为了我，你放弃了自己的一切！在儿子的心目中，妈妈，真正的伟人就是你！

爸爸牺牲后，白色恐怖笼罩着你！二伯父赵京平被地主还乡团活埋，大伯父赵京汉被还乡团打死在大河边！尽管如此，地主还乡团还不死心，他们还要杀了我，要斩草除根！那些年，你一听狗叫，马上就抱着我躲进棉花田！妈妈，我心中的太阳，没有你就没有我的今天！

一唱雄鸡天下白，1949年，你的苦日子终于熬到边！解放了，你从此露出了笑脸！你恨旧社会，旧社会给你留下一本血泪史！你爱共产党，共产党引你走上幸福路！互助组，你是积极分子；合作化，你是农业社的社委；公社化，你无偿献出赵万庄的五亩田。在社会主义集体化的金光大道上，你越走越舒心！

日转星移，光阴似箭。就在你刚刚跨入85岁的时刻，你突然因脑梗离开我，离开了我们这个大家庭。我想你，我哭泣，我将思念寄托在你留下的一切。我感觉你没有离去，像是出远门看亲戚。至今，我还枕着你留下的枕头，总觉得睡眠更加深沉，就像小时候那样，舒服地躺在妈妈的身边。

妈妈，我要赞美你，你是我心中的太阳！

我赞美你刚强的性格，能在逆境中向命运挑战！在那腥风血雨的年代，你咽下仇恨的泪水，靠顽强的毅力支撑着一个苦难的家庭！你不但哺育我长大成人，而且负担了辅助弟妹的使命！

我赞美你勤劳的双手，虽然常裂口子常流血，却总是一年到头忙个不停！在村里你是种棉能手、养猪能手，样样都走在人前。进城了你仍然不忘种田，哪里有荒地，哪里就有你的身影！

我赞美你真情的爱心，时刻都将儿孙挂念。儿子的事业，儿媳妇的健康，孙辈的工作，重孙的饱暖，无论大事小事，样样都操心。你的心里从来不装着自己，只想着对下一代的无私奉献！

我赞美你宽阔的胸怀，像大海那样浩瀚无边！你与同里乡亲从无口角，只有关切！你与亲朋交往只讲付出，不求回报。你从不计较我的脾气，即使受我委屈，第二天还是为我煮蛋、烙饼。

我赞美你节俭的品德，家里的报纸、空瓶，你都集中起来卖钱。每次吃饭你都拖到最后，生怕我们将剩菜浪费。你常用周总理舔饭碗的故事教育大家，要我们富裕不能忘掉节约和勤俭！

一个人来到这个世界上很不容易。思念妈妈，更感到生命是何等的珍贵！妈妈呀，如今我也已经步入老年，生生死死，我从未虑及。我的身上流的是你和爸爸的血，所以我呀，还是那样，头顶千根白发，胸怀万丈彩虹。妈妈呀，请原谅儿子有一颗生命不息，奋斗不止的心！

妈妈，愿你安息！

2.赶考（汤广伦）

东方刚刚发白，全乡各村的考生集中到船上，在校长的带领下，向县城出发。

船主是一个壮实的小伙子，二十三四岁。他上身穿着一件白布做的无领对襟背心，下身着蓝布半短裤，腰里系着一条长毛巾，既能擦汗，也是男子的装饰。四肢肌肉发达，有使不完的劲。他在船头，手握约6米长的竹篙。没有风的时候，他把竹篙插到河底，两手紧握竹篙，胸脯顶着竹篙尾端，嘴里哼着行船的号子，躬着身坚持不懈地一篙一篙地把船向前推。有风的时候，他迅捷地竖起桅杆，挂上布帆，手握竹篙像门神一样地立在船头，全神贯注地观察前方和左右，守卫着船的安全。船娘二十刚出头，叫丈夫“哥哥”，是一个童养媳。她上身穿的一件短袖子的红褂子，下身穿着一件绿色肥腿的裤子，腰里系着一条绣花的裙子，红苹果的脸蛋，双眼皮下的一对水灵灵的眼睛，乌黑的头发用两根红绳子分别上下扎成的辫子一直拖到屁股下，真是一个美人坯子，她在船稍撑着橹和舵。没有风的时候她摇橹，一只手握着橹炳，一只手拉着橹绳，柔软的腰随着橹的节奏而摆动，显得妖娆，有时候嘴里还哼着里下河的小调，有几次用清脆的嗓子打“茅山号子”，吸引了考生们来搭腔，全船充满了青春的活力。有风的时候，她紧握舵柄，配合丈夫一丝不苟地注意前方，保障船的航向。

船上没有厨灶，只得饿着肚子。太阳斜西时船才停靠一个小镇，大家带着干粮上岸找到一家“老虎灶”。这个灶，前面有一个进风口，又是掘灰口，似如老虎的嘴，上面支架两个铁汤罐烧开水，似如老虎的眼，汤罐中间有一个圆洞，是燃料（谷糠）进入口，似如老虎的鼻，后面一只大铁锅上放着一只可盛四五担水的甑子，专门预热水的，似如老虎的身子，最后面用砖头砌的一只高烟囱，似如老虎的尾巴，故称“老虎灶”。多数考生带的是大麦或元麦面炒成焦屑和糖（糖精）。老虎灶老板热情周到，用沸腾的开水一个一个地帮助冲泡。大家匆匆填饱肚子返回船上，继续出发。

黄昏，船进入河面比较宽阔的荡泊，离县城还有十多里路，前方出现小亮点，越近越多越亮。大约晚上九点钟时，一座漂浮在水面的城市收入眼底，闪烁的灯光，水下形成倒影，上下连成一片，似如海市蜃楼，美丽极了。船停泊在县城的南门码头，岸上传来油棒子声，校长带大家上岸围在汤圆担子旁，每人一碗汤圆吃下了肚，便立刻返回船上。女生和船娘睡在后舱，男生和船主睡在中舱和前舱，大家很快进入梦乡，养精蓄锐，迎接全县小学升初中的考试。

3.支农（赵京鉴）

提起支农这个词，60岁以下的人都不熟悉，那是人民公社大集体时代产生的一个名词。

在大集体的年代，每到四夏大忙（夏收、夏种、夏栽、夏晒），农民都忙得晕头转向。白天收割、夜里脱粒，人人都脱几层皮、瘦一身膘，特别是农村妇女最苦，又要栽，又要割，尽管如此，农活还是忙不完。于是，上级领导绞尽脑汁想了个办法，让机关以及供销社的职工下地支援农村大忙，一般是一年两次（夏季、秋季）。每次一个星期左右，记得分到我们这个生产队最多的是供销社职工。他们刚开始很不习惯，女同志个个娇娇滴滴的，因为有的是从城里来的，有的刚从学校出来的，他们都不会干农活，甚至是添乱，所以也闹出许多笑话。有人把秧苗当着韭菜，有的插秧连鞋子走下水田，还有的被蚂蟥吓哭过。尽管如此，他们也都坚持下来了，有的还与农民成了朋友，记得有一个叫翟健芬的会唱歌，嗓子很好，还有的男同志很喜欢开玩笑，经常讲些笑话，逗得大家笑得前仰后合。虽然干活苦了点，但在笑声中一天不知不觉就过去了。

时间过得真快、转眼几十年过去了，有的熟悉的人早已作古，在世的也都成了老爷爷老太太了。不过那时的事有时想起来觉得很有意思，就像昨天发生的事。

4.一个没有文凭的水利工程师

1936年农历四月初二日，东台县时北乡（1949年5月后属扬州地区兴化县张郭乡）赵万庄的赵氏家族中出生一个男孩，因系该家族启字辈中第一男丁故以元为名，取名启元。

启元4岁丧父，这让本是殷实的家庭逐渐变色，启元少年的学业只能停留在初小。岁月流逝，13岁那年迎来了新中国的成立。

新中国的建设急需人才，老师上门劝说他去戴南、安丰继续读高小、初中，可由于家庭条件的限制，他流泪向老师作揖。看着可塑之才无法继续求学，老师只能在叹惜中离开。

1950年，他加入了共青团，在新成立的初级社（红光社）工作，后到华庄商业供销点工作，再调回赵万商业供销点工作。由于工作踏实，业绩突出，上级准备调他到兴化县商业联社工作，终因老母不舍而未成行（那年他虚年17岁）。其后做过专职扫盲老师，文化站工作人员等。

20岁时，赵启元被张郭公社水利营调用。在水利工程工地上，他不只是停留在做一个会丈量的工段员和会记账的会计，而是到现场规划、放样、取土施工。从河床现状、取土条件、难易程度、运距等综合考量，再进行工程量的分配（从定额到实际测算土方工程量有一定的差异）。

工作中，他克服文化程度低的困难，边学边干。夜深人静时，他常常在工友们的鼾声中，就着煤油灯攻关。渐渐地，一个初小生对水利工程的测绘、工程量的计算及收方、验方等产生出浓厚的兴趣。他在向同事学习的同时坚持自学，并向有经验的民工学习，逐步提高技术水平。

在以公社为营单位的大型水利工程施工中，常与县（团）级水利工程师的接触，一名自学的工程员的价值被对方认可，他被借调到县水利工程团工务科工作。

在1956年11月至1957年6月的整治里运河水利工程，他首次被县水利团借用。每次兴化水利参与省、部级水利建设，都少不了一位“小学工程师”忙碌的身影。从工程前现场测绘、工程量的计算分配、到营址与供给的合理化分部实施等，他都积极主动地参与，得到上级部门的认可与嘉奖。

1959年11月至1960年10月，他参加了苏北万福闸控制入江水道水利工程。1961年被县水利局推荐参加省级水利技术骨干学习班。1963年3月至1965年5月，参加了苏北邵伯交叉工程江都枢纽配套水利工程。1965年10月至1967年4月，参加了苏北斗龙港水利工程。1968年10月至1969年2月，参加了新通扬河拓浚工程。1971年10月至1972年4月，参加了大运河西堤加固工程。1982年11月至1982年12月，参加了京杭运河宝应中埂切除工程。

一个小学没毕业的水利工程技术员，在水利界逐渐被“赵工”代替了名字。工作的能力和业绩早被同行们认可，但由于受到时代的限制，他的编制一直没有得到解决。

1983年乡镇成立村镇建设办公室，他被调任张郭乡村镇建设办公室副主任兼规划工程师。1986年3月经扬州市科委评审获得首批工程师职称。至此一个小学没有毕业的工程师得到了国家肯定。

2012年10月4日，赵工因病辞世，享年77岁。赵工尽管离我们而去，但他自学与敬业的精神永远值得后人称颂与学习。

5.张郭在腾飞（张兆余）

赵万兴隆日正东，与时俱进景恢宏。
琼楼玉宇烟花里，别墅新区锦绣中。
街道纵横春意胜，花园绮丽物华浓。
繁荣市井工商茂，改革前程路不穷。

张郭公路网

村庄新区市貌娇，纵横公路十多条。
北连工业园区道，南接商城迎客桥。
西达靖盐高速路，中行镇内小公交。
农村如此工程浩，赵万当今独踞鳌。

赵万路

阔道东西三里遥，商楼菜场客如潮。
银行医院加粮站，广电公安勋业昭。

同济路

南北交通同济标，赵万唐刘路迢迢。
公交来往多方便，工业园区集俊豪。

春晖路

日出东方万物娇，恩由父母忆春潮。
风清气爽阳光灿，孝敬椿萱理应豪。

朝阳路

中心大道沐春朝，市面繁荣格调娇。
镇府琼楼威德铸，登峰造极有贤髦。

千年路

村北东西路一条，广源学校态多娇。
丛楼矗立红墙照，学子莘莘驾巨鳌。

人民路

人民大道闹通宵，车站酒楼旅客招。
三马腾飞龙豪显，古村新居出贤豪。

张戴路

戴南张郭两金鳌，工业新区布略韬。
两接靖盐高速路，精钢产品五洲销。

罗张路

罗张公路建南郊，布设东西有两条。
工厂排排竖两侧，南驰可达琼通皋。

张郭早市

商棚菜场货琳琅，人山人海购物忙。
酒馆茶楼盈客座，轿车摩托笛声扬。
渔行肉铺市民聚，烧饼油条热烫烫。
富裕乡村城市化，和谐胜境万年长。

报本禅寺赋

禅林基奠镇东方，赵万环区普佛光。
国泰邦安民富庶，人和世盛气豪强。
科研勃发太空上，德业中兴赤帜扬。
幸福休忘图报本，虔诚祝愿万年芳。

画堂春·楚水新镇

腾飞张郭似朝阳，人文业绩有争强。
乡村巨变换新装，万象贻芳。
街道四横四纵，琼楼别墅辉煌。
芬芳景点碧黉庠，吸尽春光。

张郭中心校书法展

开冬十月艳阳天，书轴盈厅薪火旺。
参展师生情激荡，琛心立意苦磨妍。

赵万庙会

赵万庙会历史悠久。自1936年起，已举办五十多届。1966年至1986年一度停办。其后，随着经济的不断发展，赵万村庙会活动再度兴起，延续至今。

旧时的赵万庙会，都是庙会会长组织会员从事各项活动，维持寺庙的各项事务。庙会前几天，家家户户习惯带亲朋好友前来观看迎会购物。大街两边都摆满商摊，只剩一条人行道。有各种衣服、鞋帽，有形形色色的儿童玩具、农业和生活用具等，卖糖的、捏糖人的、沿街敲大锣卖作糖的、破布烂棉花头发丝换作糖的糖摊一个靠一个，应有尽有。更有艺人许世齐做二胡、卖二胡，坐在担盒上自拉自唱，吸引儿童非常热闹。还有套圈的、气枪打气球的，热闹非凡，一派欢乐景象。

赵万庙会每年举办二次。从2014年起，每年农历二月十九日为庆贺观音菩萨的诞辰，农历三月二十八日举行东岳菩萨诞辰盛会。赵万庙会邀请邻近各庙会代表参加，方圆十里八乡村民相聚而来，约有千余人。活动开始，马夫大锣开路，巡街菩萨前鸣锣开道，旗帜招展，赵万军鼓队紧跟，洋鼓洋号队伍整齐威武雄壮。随后紧跟来自各庙会的龙队，各种颜色大小不一的游龙更显节日的隆重，接着有舞蹈队、打莲湘、挑花担、打腰鼓等文艺队伍，最为显眼的是踩高跷，有《西游记》中的孙悟空、沙和尚、猪八戒，此外还有穿着破烂衣服、手抓破芭蕉扇的济公和尚，八仙过海的蓝采和、何仙姑等，他们蹦蹦跳跳各显神通，逗得乡民们开心快乐。

巡街队走遍各条大街，沿街鞭炮连天，围观的群众簇拥而行。最后汇集到赵万村中心的广场进行文艺表演。先是舞龙表演，十几支龙队各显风姿。接着大鼓、舞蹈、打莲湘、打腰鼓、踩高跷等。做庙会唱大戏，是赵万村历年来的传统，每年庙会都要唱几晚十多本大戏，丰富了村庄群众文化生活。

方言土语

伯伯——爸爸(父亲)
大大——大叔
姑伯——姑父
秋秋——舅舅
姨亮——姨娘(母亲之妹)
姨妈——母亲的姐姐
亮亮——父亲的姐妹(也称姑姑)
李匠——男人(丈夫)
女匠——老婆
婆奶奶——外婆
婆嗲嗲——外公
候诰——睡觉
犯嫌——调皮、令人讨厌
怎二——怎么
召包——瞎说
吃瘪子——吃亏、碰壁
腰儿扬二——做事不认真、慢吞吞的
醒得——知道
冈丧——吵架
毛鸡——讹赖
拉倒——谈不来
不丑——好
跟咯子——今天
没咯子——明天
后咯子——后天
前咯子——前天
要呃子——玩耍
落雨——下雨
落雪——下雪
亮月子——月亮
摆求——睡觉
田鸡——青蛙
百脚——蜈蚣
河仙——蚯蚓
长鱼——黄鳝
河歪——河蚌
脚牛——知了(蝉)
赖宝——癞蛤蟆
嚼召包——无根据的乱讲
嚼怂——瞎说
刷刮——好、漂亮
要子——玩耍
没得魂——做事胆大,冒失
淘箩子——淘米篮子
裩头——短裤
谈谎——说谎话

家谱、祠堂、家训

以史为鉴，可知兴替，以人为鉴，可明得失。国修史，方编志，家纂谱，此乃中华民族传统文化。赵万村有史600余年，繁衍至今，6000多人口。大姓有赵、戴、汤、叶4家。历史上赵氏建有祠堂，编修家谱，戴氏、汤氏、叶氏家谱是近年开始编纂，凝结着赵万先人智慧的结晶，承载着祖祖辈辈的希望，明示对子孙立身处世、持家治业的教诲及对道德伦理的感悟，对修身、齐家和社会发展发挥重要作用。

赵氏家谱

《赵氏家谱》共23卷，始纂于康熙四十一年（1702年）。据《赵氏家谱》记载：五代后周时，赵普助赵匡胤建宋，封为宰相。因治国有方，宋太祖问其治国秘诀，答曰：吾只靠半部《论语》罢了。赵普后裔取“半部”为堂名。据此，赵万村赵氏一脉为北宋赵普后裔。

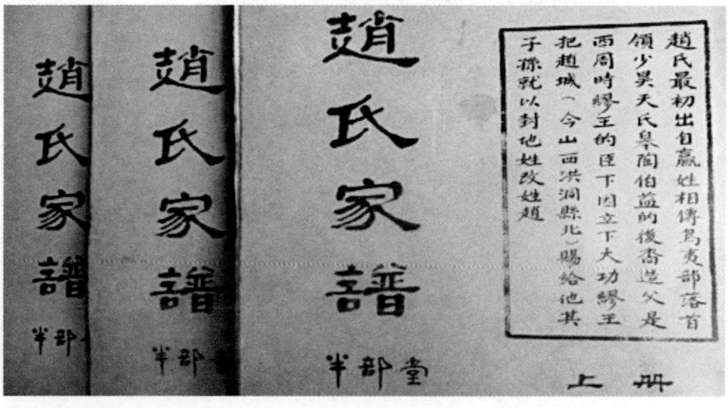

赵氏家谱

赵氏家谱前后续修八次。2004年，组织第八次续修，汇编为上、中、下三册，录入赵氏自始祖省一公于明朝初年“洪武赶散”迁垦至此，传25代。

附：赵氏家谱历代纂修记录：

第一次：康熙四十一年赵氏第12世孙永佩主持编纂。

第二次：乾隆三十二年（1767年）赵氏第12世孙永成第二次续修。

第三次：乾隆四十八年赵氏第13世孙廷坚、廷举、廷擢续修。

第四次：嘉庆十八年（1813年）赵氏第14世孙世福，第15世孙荣敏续修。

第五次：光绪元年（1875年）赵氏第15世孙荣祚，16世孙仁元、仁勇、仁民续修。

第六次：光绪九年赵氏第17世孙义纯续修。

第七次：1929年赵氏第18世孙礼法及其嫡孙信岱祖孙二人续修。

第八次：2004年第25世孙京德、鹏秋发起续修。

赵氏祠堂

赵氏祠堂于康熙四十一年修建，位于赵万村赵东区域原赵万庄中心，为200平方米左右的四合院。老式七架梁青砖小瓦，有一排东厢房。起初是赵氏第11代子孙赵应镜（号晓初）私宅。当年赵氏族人为祭祀先祖，编修家谱，修建祠堂，应镜自愿捐献祖屋给本族作祠堂之用，可谓仁厚孝道。

2013年，在半部堂子孙赵信林、赵京玉倡导下，重新翻建赵氏宗祠，装修一新，高挂“半部堂”匾，让子孙后代有了根的思念，铭记血浓于水的亲情。

赵氏家训

孝悌者，百行之原也。孩提知爱本诸良能，稍长知敬原于善。何以狃于习俗，顿失初心？为子弟者不知孝，当体父母生我之恩情，不知悌，当思长上待我之友爱，诚能服劳竭力，奉养无违，隅坐徐行，恭让而不懈，则一门之内，和顺雍容，孝悌敦，而人伦斯重矣。

睦宗族。自古乡田同井，出入相友，守望相助，疾病相扶持。异姓尚敦亲睦，

赵氏祠堂

矧同族之人而漠不之顾耶？务使视如一体，痌痒相关，庆吊必互相往来，缓急必互为通义。鳏寡孤独，必为之哀矜；困苦颠连，必为之照顾。能与祖宗济一日子孙，即能与祖宗免一日忧虑。若乃各顾身家，视同宗如秦越，甚则每因小事，辄起纷争，则怨积日深，其不视如仇敌者几希矣。书曰："以亲九族。"尚其念之。

赵万村孝道公益广告

力本业。士农工商，均有常业，所贵恒心自励而各勤乃业耳。盖人有一定之胜境，不拘所肆何业，即随在可自致，立收其效。若乃既居于此，又慕乎彼，则此心一纵，遂不免怠忽其业矣，无何身人他歧，依然故我。业精于勤，荒于嬉。事虽勤于始，尤贵励乎终。皇天不负苦心人，尚须自勉之。

慎交游。交接之际，不可不慎。正人入室，所讲者好话，所行者画龙点睛事。则子弟之所见所闻，即不得引入邪僻。不然，习俗移人，贤者不免，况子弟之庸愚者众乎？语云：学好千日不足，学歹一时有余。丽泽求益，尚慎旃哉。

和兄弟。兄弟之间，原称手足，言人之有兄弟，即一身之有手与足，断不得隔膜相视者也。何今之人见识浅狭，或因兄弟弱于我，或因食口多于我，加以妇言唆拨，遂日思析箸而各烟。甚至每因小事，入室操戈，同气参商。外人因而构害，拆篱放犬之弊可胜道哉。昔有张公艺九代同居，江州陈氏七百口共食，均是人也，何弗思之。

训子弟。易曰：蒙以养正，圣功也。凡子弟无论智愚贤否，均当以读书为上。即或赋质不齐，亦须为之谋成，立慎择术，以为久远计。断不可溺于姑息，听其放浪形骸。盖人惟年幼，每令人怜，偶有过失，恒以无知恕之。不知中人之性，成败无常，若不预加防微，则骄奢淫逸，鲜有不为俗所染者。其至寡廉没耻，无所不为，不大贻祖父羞哉。须知水随器为方圆，影视形为曲直。有父兄之责者，可不慎与？又，教子读书，须趁光阴，不可太迟。世人常谓，太幼则无知，俟其稍长读一年算一年。不知既长，则外旷多端，虽读而终难刻骨。无怪乎三四年庸师之教，念一转而尽归乌有矣。惟其幼则嗜俗未萌，心无旁骛，际引一片之灵机，加以严师之提命，启其颖悟，收其放心，则成童之年，自可判其优劣之性。曾思十二岁之庠，人岂一二年工课哉？顽子切勿诿以家道艰难，遂渐往荒误子弟而不教也。凡我族人，共体此意。

戴氏家谱

戴垛戴氏堂名“二礼堂”。戴垛戴氏于明初“洪武赶散”从苏州阊门迁至苏北，定居一四面环水风水宝地，定名戴垛至今。始祖戴痢瓜，大名不详。并非痢痢头，可能为乳名或为避祸未留下真名。生四子，分居村中四方，即分东南西北四房繁衍生息，家族兴旺六百多年二十多世至今。

“二礼堂”由来：西汉经学家戴德和侄儿戴圣，同被汉宣帝任为五经博士，共同搜集周朝典章中礼仪规范，由戴德删为85篇为《大戴礼记》，戴圣后又删为49篇为《小戴礼记》（即《礼记》）。《三字经》中载：大小戴，注礼记……《幼学琼林》中载：二戴曾删礼纪，故曰《戴礼》；二毛曾注《诗经》，故曰《毛诗》……故戴德与戴圣后人为纪念先人之贡献，取“二礼堂”为堂名，与“注礼堂”堂名为同一源祖。

现戴垛戴氏二礼堂分四房，但排辈同字未能一脉相承，各有一套。

2015年10月25日，戴氏（北方）分支修谱结束。从二十二世始续，经忆始祖五位，已续成谱。家谱设计精致，设有戴氏宗亲会会徽、会旗、会歌；首页是村党委书记戴伯明所题“国以史记、家以谱明”的族题；有北京中华世纪坛的图案，并附有“公元前799年，宋戴公元年”字样，有戴氏三公殿三公圣像画面（附三公历传）；有2013年10月13日上午在河南商丘王陵召开的世界戴氏宗亲总会第七届理事会1000余人合影；有“根在商丘”戴氏渊源的概述。谱中还有戴氏家训，戴氏家族辈分（字）排列表和祖宗十八代传统称呼等。戴垛戴氏始源分四支（方），现只修成一方，还有三方未修建，家谱前言中号召宗亲同胞、齐心协力，完成戴氏家谱纂修。

文明兴化公益广告

汤氏家谱

赵万村南甸汤氏堂名“掬星堂”。宋朝汤悦，安徽贵池人。本姓殷，因宋开国之君赵匡胤的父亲名弘殷，许多

赵万村美德墙

殷姓子孙或原来名殷的臣民为了避“弘殷”名讳，改名换姓，一些殷姓子孙改姓“汤”。据载，秋浦（今安徽贵池）人殷崇义，是南唐时名人殷文圭之子，曾任右仆射。开宝年间（968—976），以司空任左、右内史，为避太上皇弘殷之名，改名为汤悦。汤悦年少时，梦见飞星入盘，后来文思日进，官至南唐宰相。宋拜其为正一品光禄大夫、上柱国，封陈县男，食邑三百户，曾主持编修了《太平广记》。汤悦后人以“掬星堂”为堂名，为纪念先人之誉，示后辈为荣。清道光二十年（1840），南甸汤氏始祖掬星堂汤友乐由邻县高邮汤庄携名湖、名海两子来到今南甸，择一四面环水风水宝地，以勤俭持家耕读而居。现南甸汤氏掬星堂繁衍生息，已近二百年，传宗接代十多辈千人余。有据可查辈分上至夕，邦，后按时、林、源、济、广、日、恒、大、吉、昌、德、生、兴、瑞、庆、松、存、世、长、春继承。南甸汤氏掬星堂，人杰地灵族兴旺。祖功宗德流芳远，子孝孙贤世泽长。

叶氏家谱

张郭南甸叶氏乃“培德堂”后人。咸丰四年（1854），兵荒马乱，官府不力致民不聊生，为了生计，南甸叶氏始祖叶毓盛带领弟兄三人从泰兴老叶村迁至今范家村租地种田。今范家村有叶家巷为证。叶氏很快适应这里，人丁兴旺。后为方便农耕，在今南甸河西建房筑院，以宗族之缘群居互助，发展至今。现有据可查从南甸始祖毓始，下有茂、天、宗、兴、云、松、正、开、山、庆、百、世、大、光、明。为南甸叶氏培德堂的有序生生不息、兴旺发达，又继排“春景万年秀，中华永昌盛，崇岭千秋伟，旭日培英才”二十字辈续用。现达千人的南甸叶氏培德堂族人，随着社会的发展，已遍布全国各地各行各业，人才辈出。

毛氏家谱

毛家舍位于赵万庄东北，有几十户人家，以毛姓为多，堂名谓“天竹堂”。1987年，毛家舍改称农科村。农科村毛氏“天竹堂”出自姜堰市刁家铺，当地有座土山名叫天竹山，周围以毛姓居多，据此为堂名。

毛家舍始祖毛发高因生活所迫全家

由姜堰迁居于此，租种田地，由于勤劳节俭，逐步购置田产，定居于此，一代代繁衍生息，至今已传八代，为慎终追远，不忘先祖，由五世孙毛顺才主持编修族谱，于2013年完成。

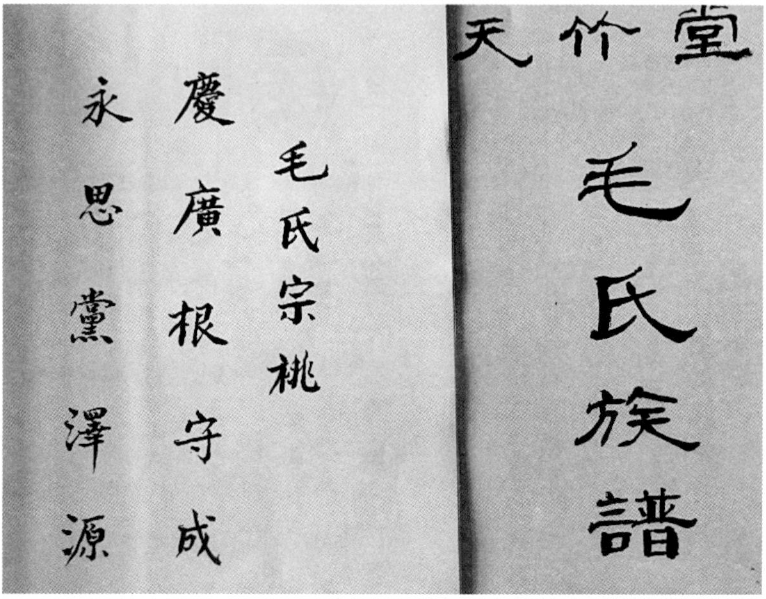

毛氏族谱

第七篇　习俗礼仪

长久以来，勤劳的赵万人在劳作和生活中，形成具有水乡特色的生产习俗、生活习俗、岁时习俗和传统礼仪。这些习俗礼仪和社会发展紧紧联系在一起，承载着丰厚的文化历史的变迁。随着经济、文化、社会生活的进步与变化，赵万村的习俗风尚也悄然发生着转变，移风易俗成为时代潮流。一些封建迷信、愚昧落后的社会习俗逐渐被淘汰，取而代之的是社会主义新时期新习俗。这种新习俗又和传统习俗共同存在，使得赵万村的风土民情呈现出丰富多彩的面貌。

生产习俗

农业习俗

落谷 落谷指在秧田中播种水稻，一般选晴天进行。落谷前在秧池附近置一木盘，内放炒米一碗、糯米做成的黏饼一碗、连根葱一株、猪肉两斤（俗称刀头），作为敬神的供品。点蜡烛、黄元，燃放鞭炮，叩头祈祷。然后将炒米、黏饼倒出，或让附近劳作的人来抢，可得吉兆。仪式完毕，主人下田落谷，然后在秧池边插一根柳条枝。仪式中禁止小孩说“瘟秧”之类不吉利的话语。当日，将剩余谷种（芽稻）晾至下午，磨成米面，做成芽稻饼（俗称秧饼儿）。分给左邻右舍，受赠者都祝主家秧苗壮、收成好。

开秧门 插秧第一天，一般都要约请亲朋邻里的农妇拌工（互相帮忙的换工）。这一天主家下半夜就起来烧早饭，米粥里放圆子，以求吉利。

关秧门 栽秧结束，主家对参加插秧帮工说感谢之词，并请大家吃一顿丰盛午餐。

安装风车 风车也称洋车，安装动工前要祭拜天地，摆上供品猪头、鱼、豆腐、酒等，点烛焚香，燃放鞭炮，祈求风调雨顺，四季平安。然后破土动工，开沟、打桩、组装。一般三四个人一天时间，就可把一部风车安装调试好。每部风车还得盖一车棚，在水稻栽插季节风车都是日夜运转，看车人多吃住在田头。20世纪70年代前，赵万周边无处不风车。据统计，1966年赵万村有风车36部。20世纪70年代，每个生产小队都有两三部风车。

出罧塘 过去，霜降前后，菱角采收结束，菱塘里就只剩下菱的枯叶烂藤。村民隔三岔五地往菱塘里撒一些乱稻草、柴草、树枝叉等杂物，使树枝上有草，草在树枝间。这是当地聚鱼捕鱼的方法之一，称为捂罧塘。罧塘选址很重要，必须选村庄朝南，或凹进去的朝阳弯塘处。冬天鱼儿仍在枯叶烂藤中越冬，加上人工布置的树枝和稻草，为鱼儿过冬保暖做了窝，四处的鱼都迁入罧中。

每逢春节前，农历腊月二十左右出罧塘。由塘主人张罗出罧塘，左邻右舍相互间定好日子后，便约定好大网船。天不亮，主人和大网船的渔民一起将大网沿罧塘四周撒下。按罧塘口大小确定捕捞人员，一亩大的塘口，起码要十多个人。他们先将树枝捞上来，再沿罧塘四周敲打船板，把鱼从四周往网中间赶。出罧的人拿渣罱子用力往下夹，先从四边夹起，步步为营，稳扎稳打，渐渐逼近塘中间。接着起网，小鱼小虾一网打尽。此时主人便宣布放汤，所罱到的鱼全归自己。旧时，人们生活较为困难，捂个罧塘取几百斤鱼，能过个好年。

罱河泥　里下河河岸地势低，是有名的锅底洼，雨水的冲刷带来上游地表沃土，加上河中水草、浮游生物死亡分解而成的养分，经年岁月积累，是最好的农家基肥。20世纪70年代前，河底淤泥都是农家宝。把河泥从河底扒上来，再施到田里去，这样既改良土壤结构，增加土壤中的有机成分，肥沃土地，又使得河道水流顺畅。长年施用河泥基肥，长出的粳稻轧出的米富有“米油”。

罱泥是里下河地区特有的一种农活。里下河人善使船，有歌唱道：“我家住在水中央，四面隔岸船行忙。”水乡无船不行，独特自然条件使然，历史习惯代代传承。

20世纪60至70年代，从麦子种结束的农历十月一直到正二月，罱泥是农村中最忙的农活。罱泥是力气活，也是技术活，那时生产队里罱泥的社员工分要高于干其他农活的社员的工分，是壮劳力的双倍。

罱泥船上两人大多是对脚班，通常是夫妻二人。手执罱泥篙，双手将扒口丢到船舱位置，使扒口沉入河底，口朝河底，扒篙支在一个支点上往船艄方向

罱河泥

推。这个时候，负责撑船的人要用竹篙顶住船不往后退，感觉到扒口里的泥满了，再轻轻地从水底提起扒口。要出水的时候，再猛一用劲，把满满一扒口烂泥倒入船舱。反复如此。大概一条三吨水泥船扒满需要一个多小时。一船泥扒满再送到田头，用一木制的瓢形的工具（俗称戽锹）把泥从船上戽（抛甩）到岸上。如果河岸过高，还要降低河岸，挖一个二道坝，先把淤泥戽到二道坝里，再由另一人用戽锹戽到田头上面，减轻罱泥人的劳动强度。

随着农业机械化的推广普及和高效农药化肥的广泛使用，赵万地区已经很少有人罱河泥了。

手工业习俗

农耕时代科技不发达，农村农民无论生产、生活都离不开手工业，所以那时手艺人非常受欢迎。赵万村历史上手工业行业有铁匠、木匠、瓦匠、铜匠、篾匠、箍桶匠、漆匠、皮匠、弹花匠、金银匠、剃头匠、补锅匠等，各自形成具有地方特色的手工业习俗。过去手工作坊如带门市的，则在门前挂招子，卖什么挂什么，如篾匠就挂几件小竹器，铁匠就挂几件小农具铁器。

木匠　木工的工种分类很多，打家具雕刻的称细料匠，做屋架的叫高料匠，造船、造水车的叫水作匠，其余还有犁木匠、箍桶匠、四片匠等。

所有木匠都尊春秋时鲁班为祖师，鲁班夫人为箍桶匠祖师。箍桶匠按规矩一律在巷道路边作业，如果一人揽到生意，作业时只要不曾上箍，同行路过放下担子就帮忙，工钱平分。这就是行规。

铁匠　凡使用红炉冶炼、锻打金属的匠人都尊李聃（太上老君）为祖师，源于老子炼丹神话传说。行会称为“老君会”，每年正月十五做会。铜匠和银匠手艺多为祖传且传男不传女。铁匠只要会打帮锤，都可以留下做工，主人只管饭食。

理发　旧时理发师分两种，一种是开剃头店的，有店面、椅子，坐店经营；一种是挑担子、夹刀包流动服务的。挑担的多走街串巷揽生意，担子的一头备有暖水瓶，故民谚有“剃头担子——一头热”之说。现在群众对理发的店面都称理发店，少数年老者称为剃头店的。挑担或夹刀包的基本消失。只有村上“老了人”（去世），主家派人去请，理发师才夹刀包上门，为死者及家人“剃头”，酬金加厚。

拜师收徒　大多数手工业者都有拜师收徒的习俗。徒弟拜师要送礼、敬神、磕头。有的还要请“保人”。学徒期一般为三年，期间师父管饭，不给工钱。甚至有的师父还要收学金。徒弟对师父唯命是从，声叫声应。开始一年帮做家务、淘米、洗菜、扫地、抱孩子、甚至倒尿壶。

接着便是帮师父打下手、干杂活，最后才学一点皮毛，好点的师父才点拨一二，有的学徒三年师父什么也没教，其理由是“师父领进门，修行靠各人”。满师后有的继续跟师父一起，师父发工资；不和师父一起的，师父送一套工具。

生活习俗

饮食

中华人民共和国成立前，赵万村村民生活困苦，绝大多数吃糠咽菜，难得吃米粥、面食。少数富裕人家能吃米饭、面条，荤菜也不是很丰富，以青菜、大蒜之类素菜为主。20世纪60年代后，村民生活水平稍有改善。80年代前后，随着农业的发展和水利工程的修建，庄稼产量稳产高产，村民生活有所提高，每天每顿能吃米粥和面食。过年生产队杀年猪分得不少的猪肉，加上供销社发的食品票、烟票、酒票等生活日用品票，能过上温饱年。党的十一届三中全会后，赵万村村民搞起粮食贩运，几乎家家参与，村民收入大幅提高，涌现出很多万元户。村民饮食方面有了很大改变，告别用糠、菜、萝卜、大麦糁子充饥的年代。村民的主食变成以大米为主，面食为辅。各家饭桌上的炒菜丰富，红烧肉、鱼、虾、鸡、鹅、鸭、海鲜几乎不断。如遇家中有事请宴席，基本上都去酒楼、饭店，每桌的费用都达几百上千元，甚至几千元。村民在家里也讲究保养身体，吃粮粗细搭配，营养合适，各种各样的时令水果遍布村民的茶几饭桌上。

附：赵万饮食习俗

1.酒席上菜风俗

赵万当地往餐桌上端菜，只能说成上菜、带菜、捧菜，不可说成“供菜”。往桌上端饭不能说成“上饭”（“供菜”是给死人提供菜肴。“上饭”专指给亡人供饭）。在酒店宴席或是在家里招待亲戚，当菜上齐，该到用主食时，就得和客人打声招呼，说得直接一点就是“开饭啦”或“帮你们盛饭吧”，说得文雅一点就是“帮你们带饭吧”，但是千万不能说成“给你‘上饭’吧”或“给你们‘供饭’吧”。

2.酒席坐桌子风俗

赵万村酒席上坐桌子的规矩比较多。坐大位子又称坐“上岗子”，以堂屋摆放八仙桌为例，一是单独一张桌子放在西北侧，北边右位最大，左位第二，南边的次之，东边右位最小，是斟酒的位置；二是单独一张桌子放在东北侧，其位置大小与单独一张桌子放在西北侧基本相似，只是斟酒的位置是在西边南位；三是两张桌子并排横放，最大的位置都是北边靠中间走道的位置，东北角的桌子为首席，其余没有变化；四是一个堂屋里摆四张桌子，北边两张桌子没有变化，南边两张桌子的“上岗子”则是靠近房门口的一边。婚嫁时新娘子“出席”所坐的就是靠洞房一侧的右位。一般情况下，“上岗子”一是娘舅，二数表叔，其次便是长者为尊。当然，特定情况下，就得突出主题。如男孩结婚的头天晚上“谢媒”，媒人为最大，别无二坐；第二天晚上“待朝”，“上岗子”非“朝客老爷”莫属；女儿出嫁的正席，新郎官坐“上岗子”；贺寿时寿星坐“上岗子”。一般人家办大事，都会请出一位经验老到有威望的本家“点席”，谁坐一席，谁坐二席，谁陪同谁，谁在哪个桌上斟酒，都安排得当。

3.称肉风俗

赵万人习惯把买猪肉叫打肉、称肉。以前，普通人家无事难打肉。打肉一般有三个用途，一是作为食品，二是作为礼品，三是作为祭品。如果卖肉的不问用途，就必须向卖肉的说明清楚，因为不同的用途有着不同的打法。如果是自用，打的时候则比较随便，但必须有一个“搭卯”。搭卯实质就是另外搭配的一小块带有骨头的或是零碎的肉。如果是用作礼肉，常说的二斤肉三斤面类，如看月子、还人情等，必须打一块长长的肋条，有骨有肉，有肥有瘦，草绳上搭卯子肉还得分种类。如果是用作敬神的，必须从猪屁股部位斫一块呈元宝状的，又称“刀头”，斫的时候只能“一刀头”，不可以来第二刀，就不需放“搭卯肉”。还有一种敬菩萨的，如家庭是逢初一或月半，而厂矿企业敬“财神”是初二和十六两天，用肉（肉上带卯子）祭拜，只是在沸水中煮上一会儿就行。仪式结束后，卯子和草绳留放祭台上，肉再上厨房红烧，所以就有“老板敬菩萨，伙计吃肉。扎卯子的礼肉”一说。每个肉铺都用两根稻草绕成的扣件一扎，将搭卯夹在卯子中间，或穿在卯子上。肉与搭卯合成一体，表示有大有小，好事成双。特定情况下，到土地庙里敬仙要烫“三神”，即解开“刀头肉”上的卯子，将肉置于开水锅里烫上一滚，用一只大盘子盛上，外加一枚鸡蛋、一方豆腐和一株带根须的大葱，最后将原有的卯子放在上面。敬仙结束，将“三神”上的卯子取下，留在敬神的台子上，留下的卯子就象征着留下了肉。

4.赵万鱼俗

赵万村河沟纵横，鱼类资源丰富。有水有鱼便有鱼文化，在买鱼吃鱼上，赵万当地有许多风俗习惯流传至今。

赵万村有着“无鱼不成席”的习俗，因“鱼”与“余”谐音，取其吉利之意。在赵万，能真正完型上席的鱼只有鲫鱼（俗称槽鱼、刀子鱼）。鲫鱼谐音“吉余”，自然给人们以大吉大利、吉庆有余的兆头。其余花鱼（鲤鱼）、白鱼（亦称白条）之类也只有做成鱼圆才上得席口（方言，即宴席）。

作为贺礼做盒担的鱼，购买时只能是鲫鱼，重量不能少于二斤，条数要成双，四至六条为宜，便于回两条。鱼（余）来鱼（余）去，双方拥有的都能保持成双。必须是鲜活的，一般都是前一天晚上到渔家预付订金，第二天大早正式买回，途中用水亮子（方言，水桶）养着拿回家。

花鱼的用途比较特殊。用它斩鱼圆鲜白细嫩，仅次于白鱼。但是，花鱼夹子（小鲤鱼）是最不受人欢迎的，兴化俗语说，“花鱼不上斤，犹如嚼菜根”。坐月子的妇女、病人、忌口的人不能吃鲤鱼，说它与公鸡、猪头肉一样是发物（易导致炎症）。然而，重大祭祀活动敬菩萨，又必须用“六只眼”（猪头、公鸡、鲤鱼），其中的鲤鱼寓意“跳龙门”，祈求保佑蒸蒸日上、兴旺发达。

民间一直将鱼尊为吉祥物，不同的节令、节庆选用不同的鱼，也是对鱼的一种图腾崇拜。如除夕晚上，赵万人家都会吃鲘鱼（黑鱼）、泥鱼（现在多以鲢鱼替代），“鲘”谐音“厚”，“泥”“鲢”谐音“年”“连”，寓意“宽厚有余，连年有余”。而且三十晚上留一条完整的鱼不动，余到次日即来年享用，寓意年年有余！春节期间养活鱼、贴鱼画，人们见了便说“鱼（余）”，为的就是图上一句口彩。

过端午家家吃“五红”，其中必有长鱼（黄鳝），象征长长久久、永远富余。新婚夫妇拜堂后进入洞房，必有富贵鱼（两条二指大的鲫鱼，犹如天生的一对）。

过去买鱼还有一个规矩，就是不宜买一条。如果只需要买一条，卖鱼的会加一条鲫鱼头子给你，将小鲫鱼往大鱼嘴里一塞，类似于打肉时非得给一块搭卯，既是添头，又表示有大有小，好事成双。

做鱼也有特别的习俗。以食用鲫鱼为例，剐鱼时，正反面打完鱼鳞后，左手抓鱼，将鱼头朝向人身，鱼胸向右，按在垫板上，右手执刀，来回两下剖开鱼胸，用刀角拨出肠、胆等内脏，然后，两边抠鳃，最后回到头和胸分别朝里、朝右的方位，从鱼体的上半部分开始打上三道口子，俗称打腾刀。这里值得注意的是，剐鱼的方向方位不能错，否则盛鱼时就出现问题。至于为什么要打腾刀，为什么打三道腾刀，一说表示对客人友好；二说为了烧煮时入味；三说防止煮沸外皮破裂，影响美观；四说鱼是宴席上最重要的一道菜，打上三道腾刀代表高贵。鱼和其他菜肴一样，必须讲究色香味美。所以，盛鱼时必须排列有序，头尾不可颠倒，而且腾刀必须朝上。这样，鱼上桌子，才能保证鱼头朝东时鱼腹对着“上岗子”（首席座位），既便于尊贵的客人一伸筷子就能夹到鱼体最好吃的部位，又一眼就能看到鱼腹里面的情况。

服饰

中华人民共和国成立前，赵万村村民基本穿的是青布、蓝布，有的是自己织的土布衣服、袜子。鞋子都是用芦草、稻草编织的。男子上衣是对襟，妇女的是偏襟，纽扣是用布条盘头的，裤子大多是免裤裆、大裤裆。帽子扎个毛巾，夏天雨篷草帽、草披肩，女的扎头布。村民流传民谣“新三年，旧三年，补补缝缝又三年”“新老大，旧老二，补补洗刮是老三”。中华人民共和国成立后，随着棉花的高产，村民们冬季都穿棉袄、棉裤用以防寒防冻。平时用的确良、棉布做些衣服，大多是中山装、绿军装式样的。改革开放后，衣服品种五颜六色，琳琅满目，样式众多，西装、夹克、T恤、唐装、牛仔服、休闲服、连衣裙等。2000年后，又流行纯棉、纯羊毛、真皮、蚕丝、貂皮等材质服装，各式各样的皮鞋、雪地鞋、高跟鞋、网球鞋、牛仔皮帽、太阳帽、礼帽，不胜枚举。

居住

中华人民共和国成立前，赵万村除有少部分瓦房，大多数农民住的是草房。有顶头草屋，南北长约6至8米，东西短约3至4米，草屋前间还砌有锅灶，俗称连灶丁头舍。也有东西长的土坯草房，房里同样有用稻草和泥巴做的锅灶，上面是用木棍、竹子做的梁条，土墙是用泥块砌成，由木匠做个木框模型，再把干点的泥巴放进去踩紧，拆开木框，再由太阳晒干，谒下雨遮好，等完全晒干，才能用来砌墙，俗称土墼。大门、房门是用芦柴夹起，周边用小木棍或篾条做框而成，大多数草房都没有开窗户，即使有窗户也不大，还得用纸糊好。这些草坯（土墼）房，每年要修整一下，特别上盖的麦草有时被风刮乱，容易漏水，要顺一顺，土墼墙外面，由于风雨淋湿而掉落些泥巴，要重新用烂泥加点石灰搅拌，抹到墙上，以作保护。一家老小就挤在一间房里，床也是用东西垫起来的，好多人家打地铺，就是地上摊平稻草，稻草上放席子或被子。

20世纪60年代后，村民居住环境有所改善，用砖头砌空心墙，有80厘米的窗户，屋面盖平瓦。一般为朝南三间，两边是房间，中间是明间（堂屋），有条件的把房前空地围起来，就是天井（院子）。80年代后，居住条件发生日新月异的变化，青灰斗口，水泥楼板，八扇门，窗户改成开扇样式，里面宽敞明亮，俗称洋砖小瓦房。90年代后，住房环境迅速发展，地面和墙都贴上瓷砖、大理石，室内有抽水马桶、太阳能、电热水器，厨房里有吸油烟机，大理石、石英、不锈钢的厨柜。房间里摆设高级组合家具，音箱、平板电视、电脑、电话等各种家电应有尽有，中堂里的壁画、条柜、名人字画、沙发茶几、吊的天花板、水晶灯、筒灯等，把堂客厅装扮得金碧辉煌。截至2017年，赵万村有百分之七八十的农户在大小城市购置房产并装修入住，享受都市生活。

出行

赵万村属里下河地区，河网纵横，村庄四面环水，村民种地、赶集、会友、走亲戚都是以船代步，不管多远，只能撑船或划船，速度很慢。70年代左右，赵万村四面大桥（除南大桥外）相继建成，不少村民骑自行车下地。80年代末，村上开通集镇往溱潼的挂桨机船，俗称帮船，为村民上街赶集、买卖交通提供方便。20世纪90年代后，自行车、摩托车、汽车都能进庄。随着新农村的建设，村庄道路环村化、硬质化、黑色化，村民们几乎家家有电瓶车、摩托车，80%的农户购置汽车，有的人家甚至拥有数辆汽车。

娱乐

中华人民共和国成立前，赵万村村民几乎没有娱乐活动，只有小孩跳房子、跳橡皮筋、跳绳、“斗公鸡”，偶尔有江湖杂技艺人到村里表演。中华人民共和国成立后，有村民买半导体收音机。农闲之时，大家一起听收音机里的节目。20世纪60年代，赵万村组织业余剧团，后乡文化站成立电影放映队，一个月放一次电影。喜爱看电影的村民，步行到邻村观看，看完再回家。20世纪80年代，部分富裕村民购置电视机，在屋外竖上天线，村民晚上共看仅有一个频道的电视节目。其后电视机逐渐普及到每家每户。20世纪90年代后，电视机不断升级，彩色电视机、平板电视机、数字电视机，家家安装连接有线网络。2000年后，晚上村民们自发到就近的广场跳广场舞，既锻炼身体，又愉悦心情，成为村民积极参与的文体娱乐活动。

岁时习俗

春节

从农历十二月二十左右，赵万村村民就开始置办年货准备过年。春粉（磨米粉）、蒸团、蒸包、磨豆腐百页、煎肉丸、灌香肠，腌咸鱼、咸鸡、腊肉等年货。如腊月二十三祭灶神、二十四送灶神上天和掸尘、二十五做豆腐、二十六“杀猪割肉”、二十七“洗洗搌搌”、二十八“洗邋遢”和“把面发”、二十九“家家都祭祖”、除夕日守岁过新年。从腊月二十三直忙到大年三十。过年蒸糯米团和炸肉圆，表示“年年大吉、团团圆圆”。

大年初一

主人五更前便起床洗漱，点烛敬香，放小鞭炮，先放大爆竹，后开门迎财神，也叫“开门炮仗”。爆竹声后，碎红满地，灿若云锦，称为满堂红。这时满堂瑞气，喜气洋洋。早晨男女老少穿戴一新，新衣、新鞋、新帽，小女孩头戴红花。全家团聚吃早茶，先吃红枣茶，说果子话（吉祥话），晚辈端着枣茶向长辈拜年请安。然后吃汤圆茶，表示全家团团圆圆。最后汁汤粉条、肉圆、鸡蛋早茶。其间还要喝茶吃干丝、肉包子等，很是丰盛。早茶后一些小孩在大人带领下去给长辈拜年，长辈给红包。

过年民间互访拜年的形式，根据彼此的社会关系，大体可分四类：其一是走亲戚。初一到本家拜年，初二到岳父家拜年。必须带礼物。可以逗留吃饭、谈心。其二是到亲朋家礼节性的拜访。如给同事、朋友拜年，这种情况一般不宜久坐，寒暄两句客套话就要告辞。主人受拜后，应择日回拜。其三是感谢性的拜访。凡对欠人家情或帮过自己大忙的就要买些礼物送去，借拜年之际，表示谢忱。其四是串门式的拜访。对于部分左邻右舍的街坊邻居，素日没有多大来往，但见面都能说得来，到了拜年时，见面彼此一抱拳道“恭喜发财”，在屋里坐一会儿，便起身告辞，无过多礼节。

大年初一只能说恭喜的吉利话。不收账，不吵嘴，不骂人。这一天人们也不干活，早上不得动刀、剪等利器，不洗晒衣服，满地瓜果壳都不打扫。俗传正月初一为扫帚生日，这一天不能动用扫帚，否则会扫走运气、破财，而把“扫帚星”引来，招致霉运。初一也不能往外泼水、倒垃圾，怕因此而破财。初二早上扫地，且须先由外往里扫，意思是招财进宝。

随着时代的发展，拜年的习俗亦不断增添新的内容和形式。赵万村村民除了沿袭以往的拜年方式外，又兴起电话拜年、微信视频拜年。有些机关、团体、企业、学校组织员工聚在一起相互祝贺、致词、唱歌等，称为团拜会。初一大早有来自各庄的舞龙、挑花担、唱凤凰、打腰鼓等，各式各样文艺队拜年，增添节日气氛。

元宵节

从正月十三晚上灯，此后每晚将红灯悬挂在屋檐下，到十八落灯。古语“上灯圆子落灯面”，十三吃元宵，十八吃面条。家家都扎花灯。十五晚上青少年们都用草扎成火把，点起来到麦田岸上挥舞，寓意火把舞到哪里，哪里的庄稼就不生病、长得好。结束后将未烧尽的火把留下，到下秧时交叉插于秧亩边上，预祝当年粮食丰收。

清明节

逢清明节，赵万村在外工作的人都尽量赶回家祭祀祖先，表示对祖先的怀念。清早家家都在门檐上插发绿芽的嫩柳条。清明前十天赵万村人们都称为“无忌”（没限制），即迁坟、垫坟等都可进行。垫坟在清明前十天内任选一天，早上吃过饭带上担子、大锹、镰刀、水桶等，先铲除坟上的杂草等杂物，然后挑土培上新土，浇水将坟冢泥平，坟堆尖上放用泥土挖好的坟头，点纸叩头垫坟才算结束。

清明当天，赵万村人中午先在家中敬祖宗亡人，有饭菜鱼肉，敬香点纸、点元宝（锡箔所折），叩头表示对先祖的敬意。饭后全家人还要到坟地点纸叩头。如果有故人第一年、第三年一般都提前上坟，备好酒菜、纸、烛、香、鞭炮等供品，敬香点纸，洒酒放炮奠拜，至此，此年祭扫就算结束。昔日每当清明这天中午，有些好心人，带上大锹划条小船，穿梭在河岸间，每当看到未垫的坟，就帮助挖坟帽垫上，意指使其不显孤单。

中华人民共和国成立后，每年清明节机关、学校和团体会组织集体到烈士墓祭扫，缅怀先烈，寄托哀思，讲先烈革命故事，进行革命传统教育，举行宣誓仪式，做好革命的接班人。

端午节

早上，家家都在神台两边插上艾条、菖蒲。有些人家还在室内两旁悬挂判官钟馗像，以辟外邪入室。赵万村有给孩童脖子上挂香包（香袋）的习俗，香袋用各式各样碎布缝制，内装香料（白芷、川芎、艾草、山柰、雄黄等），佩戴在胸前，香气扑鼻，辟邪祛病，此种驱五毒的习俗仍延续至今。

每年端午前一天，大家小户都要裹粽子、煮粽子。端午节家家吃粽子。当天中午讲究吃五红，即红萝卜、红苋菜、红烧肉、红番茄、红洋葱炒长鱼（黄鳝）等。晚上用艾草、菖蒲煮水洗澡，消炎祛湿，防毒虫和疾病侵害。

20世纪70年代，赵万周边村庄在赵万庄南汤河及西泊、前泊、后泊划会船（龙船）。数条龙舟相争，场面非常壮观，最后绕赵万庄四周划（撑）一圈。庄上用鞭炮相接，并给些烟、糖之类的礼品。

中元节

农历“七月半”，赵万村村民习惯在当天的中午敬香烧纸，纪念逝去的亡灵。晚上放河灯超度溺死者亡灵。

中秋节

又称八月节、团圆节。中秋这天家家都买月饼，象征团圆。一些晚辈送月饼、烟、酒、茶给长辈。凡订婚并预计年底要结婚的，会在中秋节举行通话仪式，礼物有莲藕、鸭子、月饼、苹果等，请介绍人到女方通话。中午吃丰盛的团圆饭，晚上摆桌子“敬月光”，有月饼、菱角、藕、苹果等各类果品和三碗茶，朝月亮敬香叩头，茶添加三次表示对月亮敬意。在物资匮乏的年代里，赵万人们用细糠和面粉做成圆饼敬月光，后来逐渐用面粉或米粉做月饼。中秋节晚上允许小孩“偷”饼吃、“偷”茶喝，老人说喝了此茶腰不疼。

冬至

俗称冬节、长至节或亚岁等。赵万村习俗，于冬至的前一天（俗称小冬），给已故的亡人上香烧纸。冬至是二十四节气中一个重要的节气，在民间有“冬至大如年”的讲法。古时候，漂泊在外地的人到了这天都要回家过冬节，所谓“年终有所归宿”。

大寒

大寒是一年中最后一个也是最寒冷的节气，当地称为交大寒。在春节前“交大寒掸尘、搬家、迁坟、拉绳钉桩”是必不可少的风俗习惯。掸尘，是指春节前打扫卫生，通常是用扫帚、鸡毛帚或一把齐头稻草，绑紧在长竹竿上，将屋角、厨房等处蛛网、灰尘等掸掉，拆洗被褥窗帘，清洗各种器皿，为干干净净过年做准备。赵万村习惯在大寒后立春之前进行掸尘、迁坟、搬家等活动，称“无忌”时段。但一般来说赵万地区小寒通常比大寒冷，还有“三九、四九不算冷，七九冻鹭丁(一种不怕冷的小鸟)”的说法。

腊八节

农历十二月初八，祭祀祖先神灵，祈求丰收吉祥的传统节日。赵万村有家家吃腊八粥的习俗，每到农历十二月初七就开始准备腊八粥原料，有红枣、花生米、红豆、黄豆，黑豆、扁豆、绿豆、核桃仁等八种，加少许大米(也有加入适量的燕麦片、薏仁、大麦片，荞麦仁等)煮成腊八粥。大火烧开后小火慢煮，待豆类开花，按各人的体质和喜好少加一点冰糖，微凉后吃起来香甜可口。吃粥有讲究：第一碗供佛，第二碗给长辈老人，第三碗给小孩，第四碗送邻里朋友。

辞年

赵万村村民在每年的腊月二十九日辞年，即辞去旧年，迎接新年，并有着怀念祖先之意。开店做生意的因年底较忙，也有提前几天辞年的。辞年在腊月二十九中午进行，各家备好鱼、肉、肉圆、沱粉、饼、青菜烧豆腐等六大碗，供奉在桌上，并盛饭放好筷子，然后点烛、敬香，最后烧纸磕头来敬奉祖先。

除夕

大年三十，贴门神、对联、花钱、福字。窗户上贴：四季平安，招财进宝。门格上还贴一元、二宝、三财、四喜、五福、六顺、七振、八达等吉祥词句。

年三十晚上吃年夜饭，喝守岁酒，饭菜非常丰富，必须有鱼、肉圆，猪血烧豆腐、芋头等。鱼端上桌但不吃，放到初一来年吃，以示年年有鱼(余)。肉圆象征全家团团圆圆。猪血豆腐代表有血财。芋头象征年年遇到好人、遇好事。晚饭后，长辈给儿孙包压岁钱。随着经济条件变化，压岁钱由原来的几十元增加到几百元，也有包一百一十元，表示有大有小，大人小孩都发财意思。晚上放鞭炮、烟花，以示庆祝除夕夜。然后边看春节联欢晚会，边接香(敬香)，直到凌晨一点钟接财神，新的一年开始。

传统礼仪

婚嫁

订婚 过去在赵万村男女青年订婚，没有太多讲究。小户人家只要有个说媒的，或亲戚朋友从中撮合就行。大户人家有三媒六证：三媒多为男方聘请的媒人，女方聘请的媒人，还有一位亦称媒人或媒婆。六证是指在八仙桌上摆放一只斗、一支尺、一杆秤、一把剪子、一面镜子、一个算盘。双方家长一旦认可，即可择日举办订婚仪式。过去订婚的仪式比较简单，仅是一顿只有六道菜的家宴，俗称六大碗。没有什么亲戚参加，只有男女方家长和媒人，另加一个写口谕的先生，彩礼也只有几块布料及两只手镯，后又加上少量的布票及现金。后来，随着生活条件的不断改善，赵万村人订婚仪式逐渐趋于复杂烦琐。先是“小望亲”，后是“大望亲”。女方家所有族人、亲戚都参加，再加上男方家自己的所有亲戚、朋友，一般都有五六桌，多至十几桌人。订婚那天，女方先用鞭炮迎接客人到家，进屋后先喝红糖茶，表示甜蜜、暖心。接下来就是吃汤圆，祝福团团圆圆。然后就是向女方父母交订婚彩礼和首饰，礼金多少因各家而异。再给未过门的儿媳妇红包，过去是给101元，意为“百里挑一”，后来是包1001元或10001元，寓意“千中选一”“万里挑一”。女方亲友家的所有小孩，也会给“封儿”（红包），由最初的20元，到后来50元、100元不等。

旧时订婚之时要写口谕。口谕也称庚帖，是记录男女双方出生日期的一种文书。用一张不大的红纸对折后，正中竖写庚帖二字，再在两边按照“男乾女坤”，以“天干地支”分别写上男女双方的出生日期和时辰，只能写13个字，不能多也不能少。最后在底面写上“百年好合、喜结同心”之类祝福语。口谕一式两份，男女双方各执一份。男方将口谕收好后，还要放在家神柜上，放爆竹、敬菩萨，之后用红布包着，作为重要物件存藏在首饰盒或百宝箱中妥善保管。

上门 订婚后的第二年正月，有新女婿上门的习俗。新女婿第一次登上岳父家的门，礼数很有讲究，需带馒头66只、糕66条，另有一个盒子，摆放两斤猪肉、两斤鲫鱼、三斤水面条、香纸蜡烛及鞭炮、布料。过去生活条件较差，即使"堂前贵客"新女婿到了，招待也好不到哪里。赵万流传着"新女婿上门，薄粥三盆，咸菜一把，不吃就打"的顺口溜。上门期间，女方同族的大爷、二伯等近门户族，每家都要招待新女婿一顿，这叫"带新女婿"，以示相互认识。几天后"上门"结束，女方家要回赠100只粽子给新女婿带回家，以示"百看百中"，同时还回赠些布料等礼品给新女婿。

歇伏 过去男女订婚比较早，从新女婿上门到结婚前，一般还有几年的时间，有的娃娃亲需十几年。这期间，每年夏伏天，女婿要到丈母娘家"歇伏"。一来可让女婿避暑歇息，二来可以让未婚青年男女增加了解，沟通交流，培养感情。女方要招待新女婿鸡蛋茶，新女婿一般不能全部吃完，需在碗里留两个。

通话 男女双方达到婚龄后，男方向女方家提出结婚请求，谓之通话。通话是有一定的程序和礼数的。当年中秋节，男方要给女方家送节礼，叫作兑节。礼品中必有一对雌雄鸭子，如果女方家收下其中一只公鸭，说明女方家同意男方请求。下一步，就要举行通话仪式。选择一个好日子，由媒人和男方父亲等人带着装有两斤猪肉、两斤鲫鱼、三斤水面条的盒子头，正式到女方家去商谈婚嫁事宜。如果女方家同意嫁女，无需直接向男方家说明，只要将男方盒子头上的肉下锅烧即表明态度。饭后进入通话实质性阶段，双方就有关嫁娶的事进行协商，商订彩礼、"捏锁封"的具体数目，以及新房家具、嫁妆的置办等。

通话时，双方对结婚的日期只谈意向，男方回去后还要请风水先生或能掐会算之人，选定吉日良辰。确定日子之后，男方要登门通知女方，叫"送日子"。对于婚期，长期以来的习惯多为春节期间，以正月初三、初四、初五居多。

送彩礼 通话之后、结婚之前，男方选一个好日子将彩礼送给女方，谓之送彩礼。过去生活清贫，彩礼相对简单，仅几块布料、一对手镯。20世纪70年代后，随着生活条件的改善，彩礼流行"三转一响"（"三转"为自行车、缝纫机、手表，"一响"为收录机）。90年代后流行"四大件"（电视机、电风扇、电冰箱、洗衣机）。2000年后，彩礼发生重大变化。"彩礼钱"的数目从起初的5600元、6600元、8600元，增加到56000元、66000元、86000元。不管多与少，都要有"6"字，取"六六大顺"之意。不光礼钱，还要有黄金首饰，开始不论斤两，只要"三金"（金戒指、金耳环、金项链），后发展到"三两""四两"，讲究重量。

过去新娘嫁妆都是箱笼、橱柜之类

的家具，依女方家境而定，或多或少，或精或简，但箱子、木脚盆和马桶必不可少。2000年后，接娶新娘都改用轿车，女方也无需陪嫁妆，而是帮女儿女婿在婚前置办家用电器、家具等。当天要备有2只手提箱（条件好些的娘家在“捏锁涨箱子”之时，往箱子里放上几万甚至十几万块钱作为陪嫁），一只有盖的红塑料水桶，里面装有一只痰盂，代替马桶，叫作子孙桶。子孙桶须由男方家族上一位未婚小伙子从接亲人员手中接过来，拎着交给新娘的婆婆，婆婆要给小伙子“包封儿”。

结婚 结婚通常分三天进行。第一天下午“到亲”（方言，来亲戚），四亲六眷、七姑八婶、亲朋好友上门报到送贺礼、吃晚饭。过去贺礼都是些条屏镜匾、布料、成品服装，后来多是送红包，红包里数百至一两千不等。第二天为“正日”，是举行婚礼的日子，亲友要参加仪式，待一整天。第三天吃过中饭后“散客”。故赵万人有“吃喜酒，假三天”之说。

头天晚上的酒席，规模要小些。主要是请“出人情”的亲朋好友，众亲眷陪媒人一起喝酒、吃饭，媒人坐正席，叫作“待媒”。有的人家当晚请“六书班子”唱戏。“六书”是里下河一种古老特殊的民间表演形式。六书班子共六个人，其中至少有一位女性，两个文场以吹拉为主，四个武场则以打击乐为主。席间，这六人摆开花棚、唱台，为众亲友吹打说唱，表演戏剧选段，流行歌曲，民间小调、快板笑话。乐器主要有唢呐、二胡、大锣、小糖锣、堂鼓、板鼓、竹板、扯钹等，更是引进了电子琴、萨克斯、架子鼓等西洋乐器。在赵万村人家结婚还有“暖房”的习俗。当天夜里，新房的床上不能空着，须从亲眷中挑一位未结婚的“表弟”晚上陪新郎官睡新床。

新婚“正日”的早晨，上轿子船的族人按照约定的时间一大早就到新郎官家吃早饭。这桌早饭跟其他亲友的早饭不同，要喝酒、吃菜，最后还要吃饭，赵万人称为发轿饭。以前都是人力行船，或撑篙，或划桨，有的人家还要抬轿子，有的人家路途遥远，因此撑轿子船的人需要吃饱吃好，从而形成风俗习惯。吃发轿饭也有个规矩，就是吃饭不能泡汤（泡汤寓意不好）。

发轿前，主持婚礼的“福嗲嗲”要把发轿礼盒重新点验一遍，礼品有礼肉、合肉（即娶亲当日，男方带去一块切开但仍相连的礼肉，女方收取一块，第三天由新娘婶娘们“望朝”时再带回男方家中，和男方的一块肉一起红烧，两家人一起吃，寓意两家好合）、猪肚肺、蹄髈肉，雌雄鸭子一对、酒两箱；还有盒担一份，这盒担主要有66只馒头、66条糕、鲫鱼两斤、猪肉两斤。如果带礼给其他人，那则按份子。一应礼品检查好之后，上轿子船的人依次跟在捧着菩萨像的新郎官后边，端着火盆，拿着火把、脚炉，捧着放有香纸蜡烛和鞭炮的盘子。另备有要送进新娘嫁房中的"暖房盒子"（水面条三千克、茶食两包、红色的筷子两把、红头绳两卷、蜡烛一对等）上轿子船。2000年后用轿车迎娶媳妇，仍要带上两根红皮甘蔗，代表火把，用一只铜烫壶代替脚炉。

上船后鞭炮一放就可以发轿了。此时岸上、船上都要放鞭炮，以示欢送，预祝一路顺风，迎娶顺利。途中，无论是过去的轿子船还是轿车，只要转弯、过桥、遇行船行车、逢寺庙，都要鸣放鞭炮，以庆吉祥。轿子船一般只有一条船，如有唱"六书"的人，则专门坐一条船，在轿子船前面引路，叫作领亲，新人船紧跟其后。六书先生一路吹吹打打，从男方家一直吹到女方家。

回门 到六朝（第六天）时，女方要组织长辈或平辈的女性来男方望朝，还需带一个新娘的小弟弟或侄子（不超过10岁），人数一般为6人。女方家人到男方望朝，男方先招待吃茶，接着置办午餐。饭后娘家人带一对新人返回，谓回门。当晚女方会亲待客，新姑爷坐首席。

交生 新媳妇过门后的第一个生日，娘家人到男方"交生"，表示以后过生日即交由婿家安排，由婆家庆贺。

生育与生辰

生育 女子婚后第一胎产前一个月娘家要准备孩子的衣服，缝制衣服时不缝边，称作毛衫儿，还要备齐小孩出生后睡觉的童床（俗称儿车、摇车）和尿布、被褥等，娘家在女儿生产前将这些运到女婿家，谓之催生。

孩子生下第三天，要请亲戚朋友吃洗三饭，亲戚朋友要送红包贺礼。如果生的是男孩，则要在村里家家发送红蛋，过去一般街坊邻居送三五个不等，现在一般送9至13个；旧时娘家送99个，后来送999个，其他有交往的亲戚送39至99个不等。生女孩送糯米粥。婴儿落地后第一个人进入产房谓踏生。在产妇坐月子期间，亲戚要送月子礼：母鸡、鸡蛋、猪肉、油馓子、婴儿衣帽或礼金等。满月（或双满月）时，宴请亲友，为新生儿剃胎毛（但要避开正月、腊月）。将剃下的胎毛用红布绒线包扎好挂在婴儿襟头上，或同万年青叶扎在一起挂在房中。婴儿出生100天和周岁，也要宴请一番，表示祝贺。周岁生日，戏谓长尾子。小"寿星"此日穿新衣，吃面条。家中用香烛、鞭炮敬神。十岁为人生第一个整生日，家长要宴请亲友，应邀者以衣物、礼金馈赠。

生辰 逢十的生日谓整生日，平常生辰谓闲生日。逢闲生日一般在中午添一两样荤菜。20岁生日是成年后第一个整生日，一般都要庆贺。为老人过生日称做寿。做寿的排场则视子女的身份、经济状况和个性特征而定。60岁以上的整生日，均由子女操办。贺寿从生日前一晚开始到亲戚送贺礼，过去晚辈或平辈的都是送布料，另送一面题款的印花镜面（俗称亮匾），如女婿给丈人贺六十大寿的题款：上款题“某某泰山大人花甲之喜”，下款：尊严慈命小婿某某拜贺。晚上放鞭炮吃酒庆贺，第二天招待一整天，第三天中饭后散亲。

丧葬

净身，穿衣 正常死亡的人在接近临终前，亲人便会把他从床上抬到铺有稻草、席子的地上，请来剃头匠（理发匠）为其剃头、剪指甲。再请一位老者为其洗澡，人们把这种仪式叫作净身。其意是让逝者干干净净。净身后，早就守候在一旁的家中孝子贤孙们，不停地呼喊着死者的称谓，一是为了减轻病人的痛苦，二是安慰病人，以表孝心。人们给死者穿老衣，也叫寿衣。这时候，女儿们就会忙着打寿纸（烧给死者的纸钱）。死者的孝子贤孙披麻戴孝。孝子头戴麻布帽，身穿白大褂，腰系稻草绳，孙子及本族的晚辈们头戴白布帽，女儿、孙女们头披八尺八长的白布，曾孙们头戴红布帽、身穿红色的大褂，玄孙则是头戴黄色的帽子、身穿黄色的大褂。

报丧 除在村公共场所的墙上贴讣告外，必须开列亲族至交名单，派人登门口头报信，称报丧。逢母丧，孝子须至舅家报丧（为独子者本人不报，另请合适之人），并向舅父或舅母跪拜。父亡则向叔、伯（或伯母、婶母）报丧。

送葬 送葬前一天晚上安排好扶柩的人，殡葬改革前土葬时人数8人，殡葬改革火化安葬后，扶柩为4人，且要不同姓。火化后，接下来便是安葬。死者安葬后的第一年清明节前，女儿要做好饭菜到坟墓上去祭供，并点上香、烧纸、点蜡烛，放鞭炮，这叫上坟。第二年女儿们到坟墓上去供，叫望坟，第三年叫圆坟。同样要上香、烧纸、点蜡烛，放鞭炮。

祭祀 每年清明前十天一直到清明前一天，家家都要到祖先的坟墓去填土，让祖先的坟冢逐年增高，意谓后人兴旺发达，称作添坟。清明当天，子孙们到祖先坟前烧纸叩拜。赵万村清明祭祖比较隆重，在外地工作生活的村民，清明时节都返乡祭拜祖先。

安居乐业

第八篇　人　物

赵万村历史悠久，人才辈出，有教书育人培养后代的塾师先生，有医德高尚的杏林妙手，有抗日战争、解放战争时期的英雄，有保家卫国赴朝作战的勇士，还有和平年代报效祖国和建设家乡的各行各业优秀人才。他们为赵万增光添彩，激励后人不断努力，奋发有为。

人物传略

赵万人才辈出，涌现出许多优秀人物。他们或为祖国解放事业奉献青春，或为社会主义建设做出贡献，乃至献出生命。

叶竹山（1912—1965）

南甸村人。1946年加入中国共产党。1949年任南甸村村长。1949年4月，组织民工支援解放军渡江，为前线运子弹、送军粮、抢救伤员等，获“支前模范”称号，后任戴徐乡（戴垛，欧家、徐称、南甸、范家、葛黄）乡长。

葛增宜（1913—1959）

赵西村人。民国年间系塾馆先生。自幼聪明好学，熟读四书五经及唐诗、宋词等经典。1944年，在家中开办塾馆。为人谦和，教学严谨。对于贫苦人家孩子学费给予减免，受到村民们好评。塾馆最多时教30多名学生，分大、中、小班，为村里培养众多识文断字的人才。

赵信岭（1917—2012）

中共党员。1949年参加革命工作。历任村财干、乡财经委员，1954年任戴南

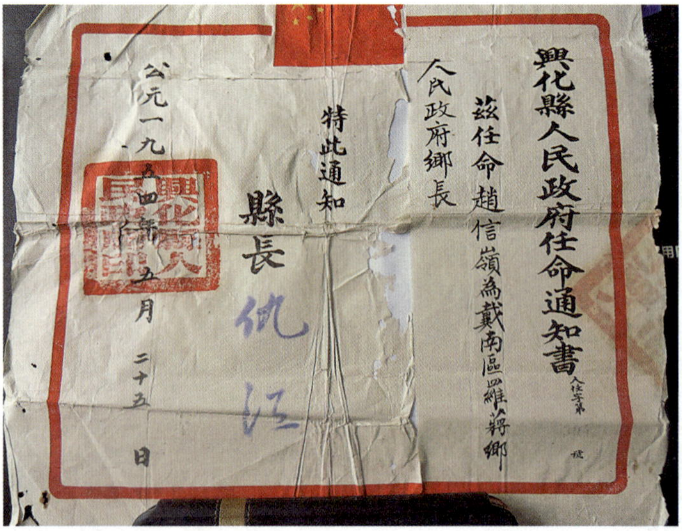
興化縣人民政府任命通知書

人任字第　號

茲任命趙信嶺為戴南區四維蔣鄉人民政府鄉長

特此通知

縣長

公元一九五四年五月二十五日

任命通知书

区罗蒋乡乡长。他依靠群众，关心贫困家庭，重视地方教育事业。1958年任张郭乡副乡长。后响应党的号召，带头下放回乡参加农业建设，任赵西大队党支部书记。1959年秋，调公社组建运输站，往江南动员运输船返乡搞运输。20世纪70年代组建蒲包厂，白手起家、勤俭办厂，带领员工往宝应、建湖购蒲草，往上海、舟山、武汉等地跑销售，使企业初具规模并发展壮大，为地方群众增收做出贡献。

孔祥宽（1920—2003）

字澍群，生于中医世家。自幼随父读书学医。他聪明伶俐、记忆力强、悟性高，能过目不忘，并擅长古文诗词，练有一手好书法。17岁时其父孔繁奎亡故，再拜青蒲村名中医钱泽丰为师。经过不懈努力，继承父亲留下的宝贵医经和临床医案。解放后，先后在戴南、唐刘、张郭等地医院工作。从医数十年，亲切热情，助人为乐。诊病精于辩证，用药得当，能融验方与时方于一炉，对中医内、外、儿科多有建树，尤重祖传孔氏膏方，内病外治，名传四方，方圆百里求医者络绎不绝，屋后郭家沟河边停满前来就医的船只。当时人们流传："有病欲来郭家沟，哪怕喝口水病都会好。"庄上有户人家妇人乳房溃疡，久治不愈，可见肋骨。请其医治，他尽心用药治疗，多次送肉汤补养，直至病愈。孔祥宽年迈后仍坚持看书钻研医术，其祖传医术由女儿继承后，从医于东台望河，很有声望。

周年官（1922—2003）

南甸村人。中共党员。1953年参加工作，带领村民成立互助组。共39户192人，其中劳动力91人，耕地255亩，当年棉花高产，受到江苏省委表彰。1954年，组织农业合作社并任社长。周年官性格开朗、办事公道、勇于创新。为发展农业生产，周年官为社里购买两头耕牛、两头驴子，当年粮食平均亩产就达到400多斤。1956年，棉花又获得大丰收，社员得到历史上最高工分单价，他又为集体购买一台南昌15型抽水机。1958年，大力开展沤改旱，打破一年一熟老沤田规律，粮食亩产量达600斤左右。1963年后，粮棉产量逐年增加，1965年，被湖南省益阳县羊舞岭人民公社聘为棉花种植指导专家。周年官几十年如一日，早起晚睡，深入田头指导生产，与社员同甘共苦，从不占集体和社员的便宜，深受社员尊敬。

叶庆凯（1928—2013）

1951年入党。1951年至1955年任南甸村团结社会计。1958年任张郭乡人民公社社长。1961年至1978年任张郭乡人民公社革委会主任、书记。1978年后分管乡多种经营服务公司。

杨平（1928—2008）

海安曲塘镇人。1946年参加泰州县曲南区武交大队，先后任通讯员、班长。1947年加入中国共产党，参加孟良崮战役并立功受奖。1948年担任班长、管理员。1948年10月在淮海战役中立功受奖。1949年渡长江时立功受奖。1949年至1952年任泰州军分区邮局代办员、管理科干事。1952年至1953年在解放军步兵学校学习，任新兵36团副连长。1953年转任兴化县人武部干事。1954年至1958年任戴南区人武部部长。1959年调任海南乡人武部部长。在担任人武干部期间，抓好各地民兵组织建设，素质训练，多次受到县人武部表彰。1959年至1966年任张郭公社人武部部长；1960年后，先后带队组织民工参加斗龙港、通扬河、万福桥等大型水利工程建设，并取得扬州专区的“全面四好连”称号，在江苏人民广播电台向全省广播表扬。1966年后任张郭公社农副科科长。

汤广荣（1934—2016）

1956年2月任南甸村高级社辅助会计。1957年6月任南甸大队会计，同年加入中国共产党。1963年8月任南甸大队党支部书记。1971年6月任张郭人民公社党委副书记兼南甸大队党支部书记。1983年5月调任戴南乡党委副书记、乡长。1987年3月任戴南镇调研员。1994年1月退休。

汤广宜（1934—2007）

南甸村人。中共党员。1951年参加中国人民志愿军抗美援朝，参加过上甘岭战役。在反击战中，排除千难万险，坚持十多个小时架线任务，获三等功。1956年进入石家庄步兵学校速成班学习。毕业后在北京军区先后担任排长、连副指导员、指导员、营副教导员。参加过十三陵水库、北京十大建筑的建设，多次被评为“五好干部”。1976年转业到南通市轻工业局工作，任物资公司副经理。1983年调至上海市普陀区朱家湾街道办负责第三产业管理工作。1995年退休。

翟传芳（1935—1993）

1952年7月参加工作，任村财干。1954年4月任戴徐乡财委。1956年2月调戴南区委任辅导员；6月加入中国共产党。1957年12月调县委农工部任辅导员。1959年2月被选送到江苏省江宁农业经济学校会计统计专业深造。1960年2月调县财政局工作；4月任县委农工部机关党支部委员。1965年11月调戴南公社工作，历任经营科科长、党委委员兼集镇党支部书记。1971年任戴南公社党委副书记。1976年9月任戴南公社党委书记。

翟传芳深入联系群众，总结推广丰产经验，使全公社粮棉产量在全县名列前茅。20世纪70年代起，带领全社干群发展社队工业，在不放松农业的前提下，以主要精力抓工业。70年代末，数次赴上海走访同乡，请他们帮助家乡打开工业局面。1983年带队去东北考察。为培养办厂人才，先后送几十名知识青年到大学培训，还把外地技工师傅、工程师请来指导。大胆起用能人，重视培养能人，带他们蹲点，传授工作经验，委以重任，严格要求。在戴南工作的20年，为戴南工业的发展打下坚实基础，1985年，戴南成为兴化县第一个“亿元镇”。同年，为丰富群众生活，倡导组建戴南淮剧团。1984年、1988年分别被县政府评为先进工作者先进个人。1984年当选为第五届兴化县委委员，同期当选为兴化县第五、第六次党代会代表。1989年当选为扬州市第二次党代会代表，1989年10月被省政府授予江苏省劳动模范称号。同年10月调任兴化市供销合作联社主任、党委书记。1989年、1990年分别当选为扬州市供销合作总社第二届、江苏省供销合作总社第四届社务管理委员。任职期间，抓企业改革，转换经营机制，成绩显著。1992年被评为省供销系统先进个人，并当选为扬州市及江苏省供销合作总社管委会委员。

戴宝山（1939—2018）

戴垛村人。自幼学医，对中医典籍融会贯通，颇有造诣。遵经而不泥古，善治疑难杂症，尤擅孕、育、妇科，人称“戴神医”。不仅医术高超，且宅心仁厚，医德高尚，常为贫苦百姓义诊。勤求古训，心得独多，尝曰：医者亦儒者之医也，身手落善为怀，医为仁术，为医而不仁，何用为医？病人即亲人，不置贫富贵贱，白天黑夜，风霜雨雪，只要有病人，逢请必至。乡里至今乐道之。

赵月（1982—2010）

赵万村人。空军中尉军衔。2001年12月入伍，2004年7月加入中国共产党。空军某部专机服务队副连职乘务长，完成专机任务60余次、重要任务50余次、一般任务90余次，安全飞行1400余小时。生前曾荣立三等功二次。2010年10月13日，随机组执行任务时负伤，于10月20日抢救无效在北京去世。2010年10月25日被评为烈士，并追记二等功。

人物简介

20世纪40年代以来，赵万村涌现了许多有为之士，他们或在当地，或在外地，在政治、经济、文化、科技、教育、军事等领域各展所长，做出许多贡献，也为赵万的发展和影响增光添彩。该目收录在各领域成绩显著的优秀赵万人物20人。

华国全

1927年出生。1951年赴朝参战，任志愿军军部通信员，立二等功。1953年复员回乡，参加家乡建设。

赵观华

1934年9月出生。中共党员。高中文化。1951年3月参军，赴朝参战。1963年转业，先后在兴化人民银行、江苏省委社教工作团、扬州地区专员公署生产工作队、兴化县文化馆、农田水利工程队、工商行政管理局、人大常委会财经工委等单位工作，1994年年底退休。退休后学写近体诗500多首，在有关刊物发表200多首。应邀参加省、市诗书画组织的大中型展赛活动，获奖150多次，作品入册近百本。为中华诗词协会会员，中国老年书画研究会会员，江苏省老年书画研究会会员、创作研究员，兴化市老年书画研究会副会长。

赵鹏秋

1938年出生。1960年7月1日加入中国共产党。曾任省供销合作总社办公室副主任，省物资回收总公司党委副书记、工会主席。1961年在盱眙县马坝中学工作，任班主任、教研组组长、团总支部书记。1964年调马坝公社任团委书记，负责上山下乡知青工作。1965年任盱眙县团委学少部部长，1966年调中央团校学习。1967年至1968年在三河闸加固工程处工作，负责盱眙县民工学习、生活及工程任务，兼任工程处政工组副组长。1969年任盱眙县龙山公社秘书、副主任。1970年马坝公社任党委副书记，负责组建九里荒知青农场，兼任场长、党支部书记。1980年调回盱眙县委工作，任宣传部部长，1984年任洪泽县委常委、宣传部部长。1988年任江苏省供销合作总社办公室副主任并主持工作。1992年任江苏省物资回收总公司党委副书记、工会主席。2000年退休，被南京市老年科技工作者协会聘任为秘书长。

汤广伦

1942年7月出生。1965年从扬州师范学院数学系毕业，在校期间加入中国共产党，毕业后被选调参加南通地区工作组。先后在海安县、如皋县担任社教工作队副队长、队长；1967年至1969年担任光荣公社革委会副主任。1970年至1977年调南通地区直属党委、负责宣传工作。1978年任南通地区直属机关职工学校校长、地区工会主任。1983年任南通市总工会生产保护部部长、市安全办公室主任。1994年任南通市人大常委教科文卫委员、民宗侨办副主任。2002年退休，被聘南通市电视大学数学系教师、《南通市人大杂志》副主编、《南通地方志》特邀编审员。

赵京玉

1943年6月出生。大学学历。曾任江苏省第九届政协秘书长、省政协办公厅主任。1969年11月入党，1967年8月参加工作。1962年9月在南京大学政治系哲学专业学习。1967年8月留校待分配。1968年8月在北京军区当兵实习；1970年2月任北京军区内蒙古生产建设兵团《兵团战友》报社编辑。1975年12月任江苏省南通县委办公室秘书。1977年12月任江苏省委办公厅综合处秘书、机要秘书。1983年11月任省委办公厅副处级秘书、秘书三处副处长。1985年11月任省委办公厅副主任。1994年7月任省委党史工作委员会主任。1995年9月任省委党史工作办公室主任。1996年3月至1998年2月任七届、八届省政协副秘书长、省政协办公厅主任。2003年2月任省九届政协秘书长、省政协办公厅主任、党组成员。

汤日圣

1953年12月出生。中共党员。江苏农科院植物研究员。1975年10月至1978年6月在江苏农学院农学专业学习，毕业后到兴化从事农业技术推广工作。1979年5月应聘到省农业科学院农业生物遗传生理研究所工作，师从作物生理学家吴光南研究员，从事作物生长发育的激素调控机理及其应用研究。先后参加农业部“六五”和“七五”重点课题、国家基金及省重点课题的研究，主持农业部“八五”“九五”重点项目，省攻关、省基金、省应用基础等研究课题十多项。在植物生长物质调控、作物生长发育的作用机理与应用研究方面取得显著成绩。在国内外核心期刊《作物学报》《植物生理学报》《中国水稻科学》《中国农业科学》《江苏农业学报》及*PlantScience*、*PlantGrowthRegulation*等刊物上发表学术论文90余篇。其研究成果获国家科技进步三等奖1项、江苏省科技进步二等奖2项、江苏省农科院科技进步一等奖2项，通过省级成果鉴定1项。

叶百东

1955年6月出生。南甸村人。师职干部、大校军衔。1974年12月入伍。1978年加入中国共产党。2006年从南京军区司令部机关退休。多次受总部及军区的表彰、嘉奖，立三等功三次。

戴信武

1958年出生。戴垛村人。大专文化。三级警监警衔。1976年7月张郭高中毕业，1978年11月参军，在山东省青岛市海军北海舰队服役。1982年7月1日加入中国共产党，1982年7月至2000年8月，历任北海舰队防救船大队排长、连长、团长。2000年9月转业到山东省青岛市公安局李沧公安分局，任处级调研员（正团级）。2010年4月到北京公安部大学培训，5月被授予三级警监警衔，享受副厅级待遇。2018年5月17日退休。曾立三等功三次，获得青岛市优秀人民警察称号。

赵信彪

1961年出生。赵万村赵西人。结业于

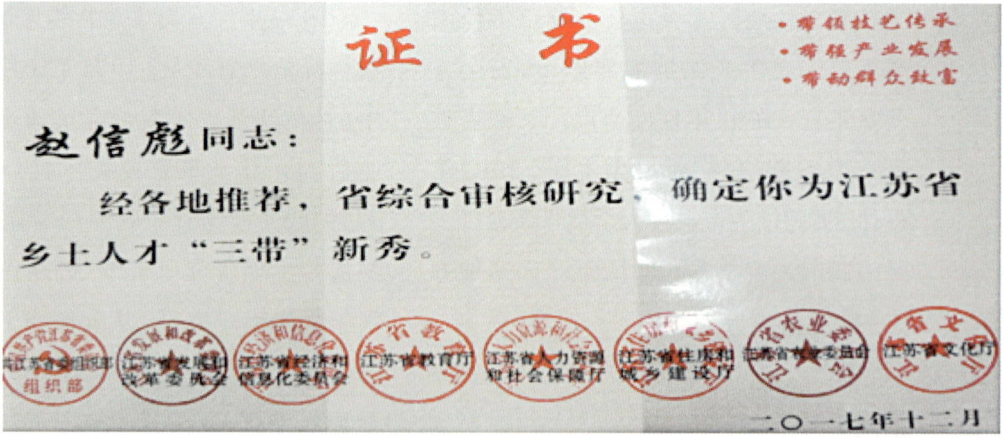

赵信彪江苏省乡土人才“三带”新秀证书

中国山水画创作院。自幼酷爱绘画，先后在当地地毯厂、印刷厂、文化站从事广告图案设计、广告图文设计等。自学传统山水画，先拜中国彩墨山水大家曾刚先生学习彩墨山水画，继而研习施云翔、程振国、徐卫国、张延东等大师技法，感悟尤深。参加中国人民大学山水画高研班导师任泽涛网络班学习。作品多次在省、市大展中获奖，为江苏省乡土人才“三带”新秀。

汤咏

1961年8月出生。南甸村人。中共党员。政治经济学硕士、管理学博士、高级经济师。中国蔬菜流通协会会长、中国食品协会副会长、中国园艺学会常务理事、全国青联委员。1982年1月毕业于南京农学院，先后担任商业部副食品局副处长、处长，中国华孚商贸有限责任公司部门经理、国内贸易部“菜篮子”工程办公室副主任、内贸部消费品流通司副司长，华商储备商品管理中心总经理（正司局级）、华孚贸易发展集团公司副总经理，中国丝绸进出口总公司副总经理、工会主席，全国商业消防协会主席、中燃集团战略委员会副主席等。

戴日岭

1962年4月6日出生。中共党员。理学硕士，电子计算机类高级工程师。1982年9月至1986年7月在南京大学计算机科学系读书，获理学学士学位。1995年9月至1998年7月在南京大学计算机科学系攻读研究生课程，获理学硕士学位。毕业后在南京有线电厂工作，1992年被评为工程师。1998年高级工程师（电子计算机类）。先后从事紫金Ⅱ微型计算机、紫金386、紫金486、紫金奔腾系列微型计算机的硬件系统开发工作。1997年主持研制的紫金三机热备份系统获得深圳市科技进步奖（三等）。

沈德富

1962年出生。中共党员。武警工程大学政治委员，武警部队少将警衔。1980年入伍，曾任武警总部干部部部长，武警警种指挥学院（武警警种学院）政治委员。2013年7月任武警工程大学政治部主任。2014年7月晋升为武警少将警衔。2017年7月任武警工程大学政治委员。

汤晖

1962年2月出生。总参某测绘导航基地总工程师，大校军衔。1979年9月为解放军信息工程大学测绘学院学员；1983年7月在南京军区测绘大队六队任助工。1987年10月任南京军区测绘大队六队中队长、助工。1990年12月任南京军区测绘大队七队技术室主任、工程师。1993年3月在南京军区司令部作战部工作。1994年3月任南京军区测绘大队四队队长、工程师。1995年3月任南京军区测绘大队五队队长、工程师。1997年3月南京军区测绘大队业务处处长、工程师。1998年2月任南京军区司令部测绘大队副大队长、高级工程师。2001年被解放军信息工程大学聘为硕士生导师，全国首批注册测绘师。2002年2月任南京军区司令部测绘大队大队长、高工（技术7级）。2005年12月获南京军区科技英才奖。2008年3月任安徽省亳州军分区参谋长。2008年1月获全军军事测绘重大工程奖。2009年12月任安徽省马鞍山军分区参谋长。2011年1月获安徽省军区军事训练先进个人荣誉称号。2013年9月任总参某测绘导航基地总工程师。

江飞舟

1962年出生。赵万村人。中共党员。大学本科文化，研究员高级工程师。1978年考入扬州工业专科学校机械专业。1983年毕业后分配到连云港职业大学任教。2010年10月至2012年10月任淮海工学院机械工程专业硕士研究生兼职导师、淮海工学院机械工程学院兼职教授。2015年6月至2017年12月任连云港职业技术学院机电工程学院院长。

汤广富

1963年4月出生。中共党员。上海国际银行金融学院资产配置中心副主任、研究员、高级经济师。1982年9月至1986年7月，在南京农业大学农学系就读，获农学学士学位。1989年2月在农业部外语研修班进修英语。1999年2月至2001年6月在南京大学科技哲学系攻读研究生。1986年7月至1992年9月在江苏省徐州市农委工作，先后任农艺师；其中1990年2月至1991年9月任江苏省铜山县潘塘乡乡长助理（挂职）。1993年1月至1999年9月在中国银行江苏省徐州市分行任行长（办公室）秘书，目标管理办公室主任，聘为经济师。1999年9月至2014年5月任中国银行徐州青年路支行副行长、江苏银行徐州分行运西支行行长。2014年7月起任上海国际银行金融学院资产配置中心副主任、研究员、高级经济师。参加上海国际银行金融学院银行转型中心针对农商、农信、农合的咨询项目，系专家组重要成员，为工行、农商行领导及专业人员举办专题辅导讲座。具有丰富的金融理论基础及管理经验，在《中国金融》《上海金融》《金融时报》等国家级、省部级报刊发表专业论文30余篇。

戴伯明

1964年2月出生。中共党员、大专文

化。1981年3月至1990年3月在原张郭镇戴垛村任电工、团支部书记。1990年3月至1998年3月任原张郭镇戴垛村民委员会主任。1998年4月至1998年12月在镇自来水厂工作。1999年1月至2001年5月任原戴垛村党支部书记。2001年6月至2002年9月任张郭镇赵万村第四党支部书记。2002年1月当选为赵万村民委员会主任兼第四党支部书记。2003年3月任赵万村党总支书记兼赵万村村民委员会主任、第四党支部书记，2004年11月任赵万村党总支书记、村主任兼第四党支部书记。2007年10月起任张郭镇赵万村党委书记兼第四党支部书记。

2002年7月被兴化市委表彰为优秀共产党员，2005年7月被兴化市委表彰为十佳村支书。2006年7月被泰州市委表彰为优秀党务工作者。2007年、2013年、2014年、2015年、2016年、2017年被兴化市委表彰为优秀村党组织书记。2008年5月被泰州市委表彰为"双带一促"先进个人。2011年12月进入市专项事业编制人员序列。2015年8月被省委组织部、宣传部授予"吴仁宝式"优秀村书记，2017年7月被省委表彰为江苏省农村基层党建工作突出贡献奖。连续多年被张郭镇党委、政府表彰为优秀共产党员、先进个人。市十三届、十五届人大代表，市十二届党代表。

戴鼎震

1964年出生。中共党员。博士，教授，研究员，国家执业兽医师，硕士研究生导师。1988年7月毕业于江苏农学院（现扬州大学）畜牧兽医系兽医专业。1988年9月至1991年7月在广西农学院（现广西大学）畜牧兽医系预防兽医学专业大学攻读硕士学位。1998年7月从南京农业大学动物医学院传染病学与预防兽医学专业毕业，获博士学位。2003年至2005年在南京中医药大学博士后工作站，从事中药与免疫研究。

1991年9月在湖北农学院动物科学系从事教学与科研工作。1997年晋升为副教授。1998年被聘为华中农业大学硕士研究生导师。1999年被选拔为湖北省高等学校省级学科带头人、湖北省跨世纪"111人才工程"人选。2002年晋升为教授。此后在江苏省农业科学院兽医研究所从事科研工作，于2003年聘为研究员，兼任南京农业大学硕士研究生导师；后聘为金陵科技学院动物科学与技术学院教授。2007年被江苏省委组织部选拔为"江苏省333人才培养工程"中青年科学技术带头人。2011年被江苏省人力资源和社会保障厅选拔为"江苏省六大人才高峰培养对象"。《广西鸡大肠杆菌病防治研究》获得1995年广西科技进步二等奖；作为主要完成人参加的《鸡大肠杆菌病原学特性及免疫防治研究》获得

2000度江苏省科技进步奖二等奖。主持《PCR检测仔猪大肠杆菌性腹泻及菌毛混合疫苗免疫原性研究》等获得湖北省科技进步奖三等奖3项，主持研究的成果《防治奶牛繁殖障碍与乳房炎中草药系列制剂研制与应用》获得2005年江苏省科技进步三等奖。同时主持获得5个新兽药证书（中草药制剂），主持研究的《治疗奶牛乳房炎的涂膜剂及其制备方法》等3项发明专利获得授权。发表学术论文50余篇，出版论著3部。

葛玉林

1965年10月出生。中共党员。1990年于江苏农学院（现扬州大学）硕士研究生毕业。兴化市农技推广中心总支书记、植保站站长，研究员职称。

葛玉林在兴化市农技战线上工作30个春秋，在农业科研方面取得优异成绩。他申报并主持参与省“十五”攻关、省农业科技创新和农业部“跨越计划”等多个科研项目，“水稻机械化插秧，稻田草害综合防控技术研究”，及示范“稻麦田化学农药协同增效技术与产品研发技术”“水稻条纹枯病发生规律及综防技术”“稻茬麦田杂草种群动态及其综合治理研究”“棉田杂草生物学、生态学特性及综合防治技术”“麦田杂草种群调控技术”等12个项目获省、市级科技进步奖，其中省政府科技进步一等奖1项，二等奖3项，40多篇论文在省以上专业刊物发表。

他注重地方农技调查研究，组织技术攻关，许多成果得到应用。面对麦田较难防难除的抗性杂草，联合省科研院所，形成“一封二杀三补”的技术体系。针对稻纵卷叶螟、褐飞虱大发生，用药次数多、农药残留大，组织多点试验，筛选出高效低毒的生物农药，结合其他绿色防控技术，确保稻米安全等。转变服务方式，配合植保合作社开展水稻病虫害统防统治，进行零距离指导，开展社会化服务，每年服务面积累计近48万亩次，为规模化种植户节约成本1200万元以上，每年减少用药40吨左右，保护生态环境，取得较好的经济和社会效益。2008年起连续两届作为江苏省“333人才工程”培养对象。2010年被国务院表彰为全国劳动模范（先进工作者）。2013年获兴化市政府第二届杰出人才奖。2016年被省政府表彰为江苏省有突出贡献的中青年专家。

刘爱中

1965年出生。中共党员，大校军衔，新疆军区乌鲁木齐总医院医疗科科长。1983年考取上海第二军医大学（六年制），后赴新疆军区乌鲁木齐总医院工作。文职三级，任医疗科科长。2008年参加联合国赴刚果（金）联合医疗队，任医疗队医务副队长。2009年6月被国防部维和中心表彰为先进个人。

戴涛

1970年7月出生。1992年毕业于苏州大学法学院，获法律学士学位。2001年毕业于南京大学法学院，获法律硕士学位。1992年3月加入中国共产党；8月参加工作。历任江苏省连云港市中级人民法院书记员、助理审判员、庭长助理、行政审判庭庭长、审判委员会委员、立案庭庭长、审判委员会委员等。2007年1月至2012年2月任江苏省灌南县人民法院院长、党组书记。2012年2月至2017年任江苏省东海县人民法院院长、党组书记。2003年获评江苏省十佳法官，先后立二等功一次，三等功四次。在全国法院学术研讨会中获一等奖一次、二等奖两次、三等奖五次。

黄俶成执教赵万中学

黄俶成，1947年12月生，昭阳镇人。1968年10月至1978年3月插队到张郭人民公社葛黄大队。1971年5月起先后在葛黄小学、红旗中学、赵万中学、张郭中学任教。黄俶成文学、历史造诣很高，对受教学生产生深远的影响。1975年被公社教革组抽调到各村巡回演讲，利用这个机会宣传中国传统文化，发挥积极的作用。1978年3月入扬州师范学院中文系读书，后留校任教。任扬州大学教授，中国商业学会副会长兼盐业史专业委员会会长、中国《水浒》学会常务理事及学术委员、扬州八怪研究会及兴化市施耐庵研究会名誉会长。在从事教学工作的同时，潜心学术研究，成果颇丰。先后出版个人专著5部，与他人合著30余部，在国内多种学术刊物上发表论文100余篇。主持国家级、省部级研究项目5项。

他一直关心兴化文化建设事业，1982年回兴襄助筹建郑板桥纪念馆、施耐庵纪念馆。协助征集文史资料，出面或提议邀请国内多位知名人士至兴化考察。首提设立郑板桥艺术节，被市人大采纳并经市委常委会通过，成为兴化一个具有独特文化品牌的节日。

王一德考察调研张郭赵万不锈钢行业

2015年11月，中国工程院院士，化工、冶金与材料工程学部常委、副主任王一德及其专家团队一行6人，到张郭镇申源特钢有限公司调研不锈钢发展情况。王一德深入企业车间，询问企业目前的产能、销售、盈利情况，查看生产线和产品，与企业负责人交谈，详细了解企业的生产工艺、技术参数和科技创新、产学研合作等方面的情况，并现场指导和帮助企业解决存在的技术问题。王一德评价申源特钢有限公司：论炼钢规模，申源在行业内只是小不点，但却把特钢做成精品，成为国内气阀钢龙头企业，值得同行业企业学习。

人物名录

赵万村地处苏中地区，在淮海战役、渡江战役、抗美援朝中，赵万村村民在敌后、前线冲锋陷阵，送军粮，打马草，提供后勤保障，不畏牺牲，为战役胜利做出贡献。中华人民共和国成立后，赵万优秀儿女在各个领域为和平建设做出突出贡献，涌现出许多先进模范人物。

兴化市级及以上先进模范人物一览表（截至 2017 年年底）

表 25

姓名	性别	单位	表彰年份	荣誉称号	表彰单位
翟传芳	男	戴南镇	1989	江苏省劳动模范	省政府
翟传芳	男	兴化市供销合作总社	1992	先进个人	省供销总社
戴伯明	男	赵万村	2002	优秀共产党员	兴化市委
戴　涛	男	连云港市中级人民法院	2003	江苏省十佳法官	省法院
戴伯明	男	赵万村	2005	十佳村支书	兴化市委
戴伯明	男	赵万村	2006	优秀党务工作者	泰州市委
戴伯明	男	赵万村	2007	优秀村党组织书记	兴化市委
戴伯明	男	赵万村	2008	“双带一促”先进个人	泰州市委
刘爱中	男	某部军区医院	2009	先进个人	国防部维和中心
葛玉林	男	兴化市农技推广中心	2010	全国劳动模范（先进工作者）	国务院

续表

姓名	性别	单位	表彰年份	荣誉称号	表彰单位
葛玉林	男	兴化市农技推广中心	2010	杰出人才奖	兴化市政府
赵　月	女	空军某部专机服务队	2010	追记二等功	空军某部
戴伯明	男	赵万村	2013	优秀村党组织书记	兴化市委
戴伯明	男	赵万村	2014	优秀村党组织书记	兴化市委
戴伯明	男	赵万村	2015	“吴仁宝式”优秀村书记	省委组织部、宣传部
戴伯明	男	赵万村	2015	优秀村党组织书记	兴化市委
葛玉林	男	兴化市农技推广中心	2016	江苏省有突出贡献的中青年专家	省政府
戴伯明	男	赵万村	2016	优秀村党组织书记	兴化市委
汤恒跃	男	戴南中学	2016	第七批优秀援藏干部	拉萨市委、市政府
汤恒跃	男	戴南中学	2016	拉萨市青年五四奖章	拉萨团市委
戴伯明	男	赵万村	2017	优秀村党组织书记	兴化市委
戴伯明	男	赵万村	2017	江苏省农村基层党建工作突出贡献奖	省委
汤恒跃	男	戴南中学	2017	江苏好人	省委宣传部、省文明委办公室

赵万村革命烈士一览表（截至 2017 年年底）

表 26

姓名	性别	出生年份	所在村	牺牲时所在单位、职务及牺牲情况
赵京贵	男	1927	赵万村	民兵。1947 年在东台时北因战牺牲
钱永年	男	1922	赵万村	第 29 军 86 师 256 团 1 营 3 连指导员。1948 年参加淮海战役牺牲
赵京红	男	1914	赵万村	赵万庄村长。1946 年被还乡团抓捕，在东台十八里河被杀害
赵信荣	男	1901	赵万村	赵万庄翻身组组长。1947 年被还乡团抓捕，在东台十八里河被杀害

续表

姓名	性别	出生年份	所在村	牺牲时所在单位、职务及牺牲情况
华张群	男	1925	赵万村	戴南区保田大队大队长。1946年在执行任务时牺牲
赵京有	男	1927	赵万村	第66军198师593团3营6连战士。后失踪，于1962年1月追认烈士
汤广兴	男	1931	南甸庄	志愿军第24军70师209团3营9连战士。1953年在朝鲜牺牲
赵京甲	男	1921	南甸庄	秦北区戴陶乡指导员。1945年2月被汉奸出卖，在庄北尖角垛上被杀害
戴庆寿	男	1901	戴垛庄	1948年10月到村里筹军粮，被国民党还乡团杀害
戴永龙	男	1933	戴垛庄	1950年10月赴朝鲜参战，任通讯班班长。1951年2月2日因战牺牲
戴友余	男	1915	戴垛庄	戴垛村村长。1948年在东台时堰和其父亲一起被还乡团杀害
赵　月	女	1982	赵万村	空军某部专机服务队副连职乘务长。2010年10月13日，执行任务时负伤，10月20日抢救无效在北京去世

编后记

2018年4月，经泰州、兴化两级党史方志办确定，赵万村成为兴化市首批名村志编纂工作试点村。村“两委”成立了《赵万村志》编纂委员会，组建了《赵万村志》编写工作小组，制定了编纂工作实施方案。根据兴化市党史方志办拟定的《赵万村志》篇目大纲要求，当年9月基本完成资料收集工作。10月至12月，编写小组对收集到的各类资料进行分类处理，进一步加以甄别，并对筛选出的材料进行归类、加工。2019年年底，《赵万村志》形成初稿，报兴化市党史方志办审阅。编写小组根据反馈的修改意见和建议，对《赵万村志》初稿进行了全面修改。2021年2月6日，召开《赵万村志》初审会，评审组成员提出了修改意见和建议。初审后，由于编纂人员调整等因素，编纂工作暂告一段落。

2023年1月初，《赵万村志》编纂工作再次启动，并新聘部分方志专家参与。编写小组根据专家领导提出的修改意见和建议，进行多轮修改。2023年11月2日，经兴化市党史方志办专家审核，《赵万村志》通过复审。复审后，编写小组根据修改意见和建议继续完善。2023年5月28日，《赵万村志》通过终审。2024年8月23日，《赵万村志》通过验收。2024年9月，《赵万村志》正式出版。

《赵万村志》是一项系统的文化工程，其以志为体，以史为本，跨越年代久远，涉及范围广泛，完整勾勒出赵万村的历史发展脉络，特别是通过特色产业、村落文化等篇目，挖掘赵万历史文脉，留住乡音乡愁，呈现赵万村从过去到现在的发展亮点、体现成果特色，努力发挥其存史、育人、教化功能，使《赵万村志》成为当地史实见证、足以信赖的读本。

《赵万村志》的编纂出版，得到了泰州市、兴化市党史方志办领导、专家的精心指导和戴南镇、原张郭镇以及赵万村党委、村委会的高度重视，也得到了社会各界的大力支持。值此付梓出版之际，谨向所有关心支持本志编纂工作的领导、专家和社会各界人士表示敬意和感谢！

由于编者水平有限，《赵万村志》误讹疏漏之处在所难免，敬请广大读者批评指正。

编　者

2024年9月